Piraten
Kochbuch

Elisabeth Bangert

Piraten Kochbuch

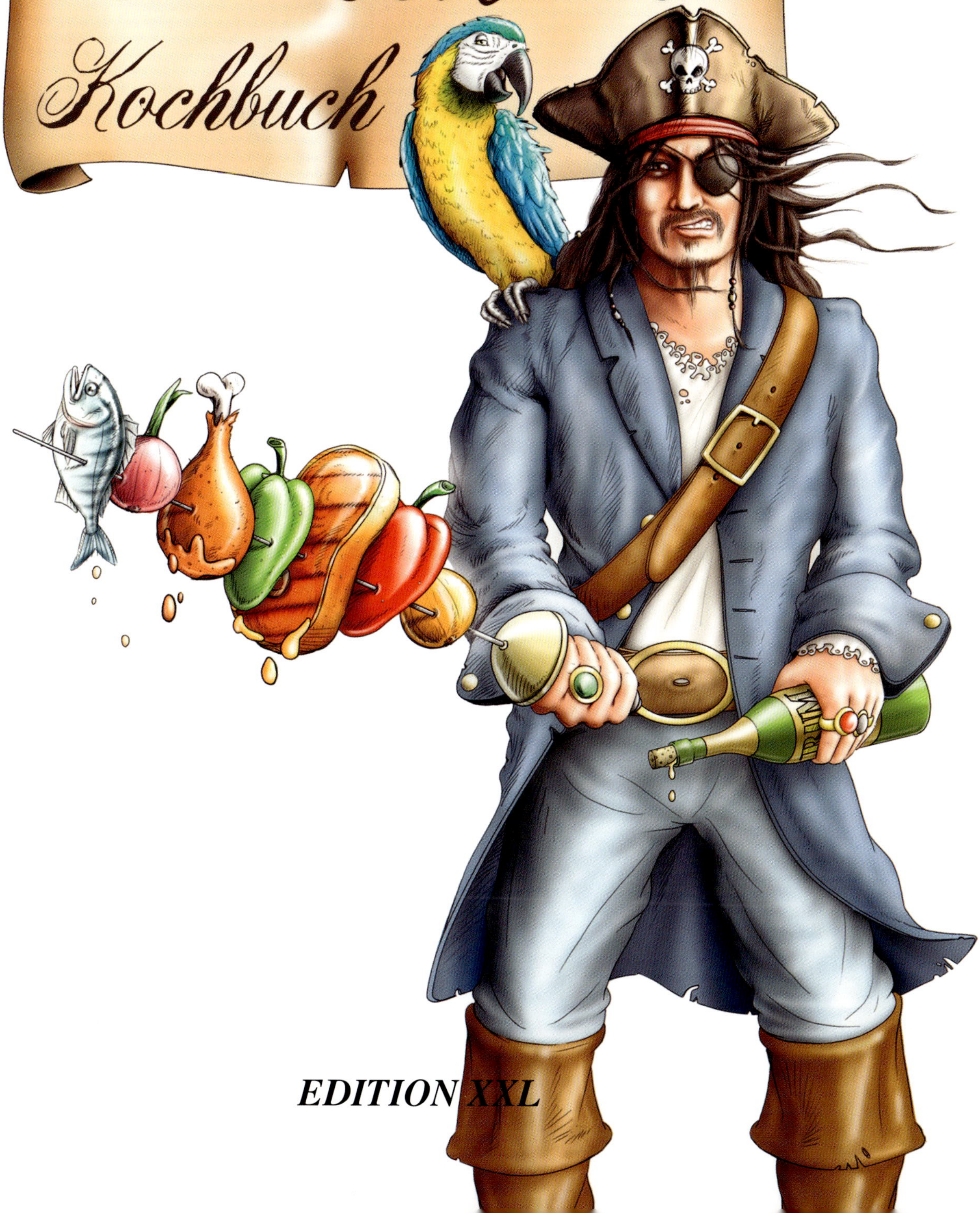

EDITION XXL

Inhaltsverzeichnis

Vorwort

Egal, ob Freibeuter, Seeräuber oder gefürchteter Korsar, alle Piraten kamen weit in der Weltgeschichte herum, durchkreuzten fremde Ozeane und ankerten vor fernen, exotischen Ländern.

Kein Wunder also, dass sich die Haudegen der Meere mit kulinarischen Köstlichkeiten aus aller Herren Länder bestens auskannten. Sie haben sich nicht einfach irgendwas „zwischen die Kiemen geschoben“, sondern wussten die Vielfalt an deftig-pikanten und exotischen Leckerbissen wie Suppen, Eintöpfen, Snacks, Haupt- und Nachspeisen zu schätzen.

Schauen Sie dem Smutje in der Kombüse eines Piratenschiffs über die Schulter. Sie werden überrascht sein, was sich z. B. hinter der „Feurigen Piratenpfanne“ oder den leckeren „Fischfilets Caribbean Dream“ verbirgt!

Bewirten Sie Ihre Freunde doch mal ganz nach Piratenart mit „Beschwipsten Feigen“, einem karibischen „Coconut Dream“ oder der „Piratenbraut“, einem hochprozentigen Rumpunsch. Und zur Piratenparty Ihrer Kids gibt’s natürlich echte „Seeräuber-Hackbällchen“ für die ganze Piratenbande.

Also: Klar zum Entern der Küche? Dann viel Spaß beim Säbelrasseln und Nachkochen!

Ihre

Elisabeth Bangert

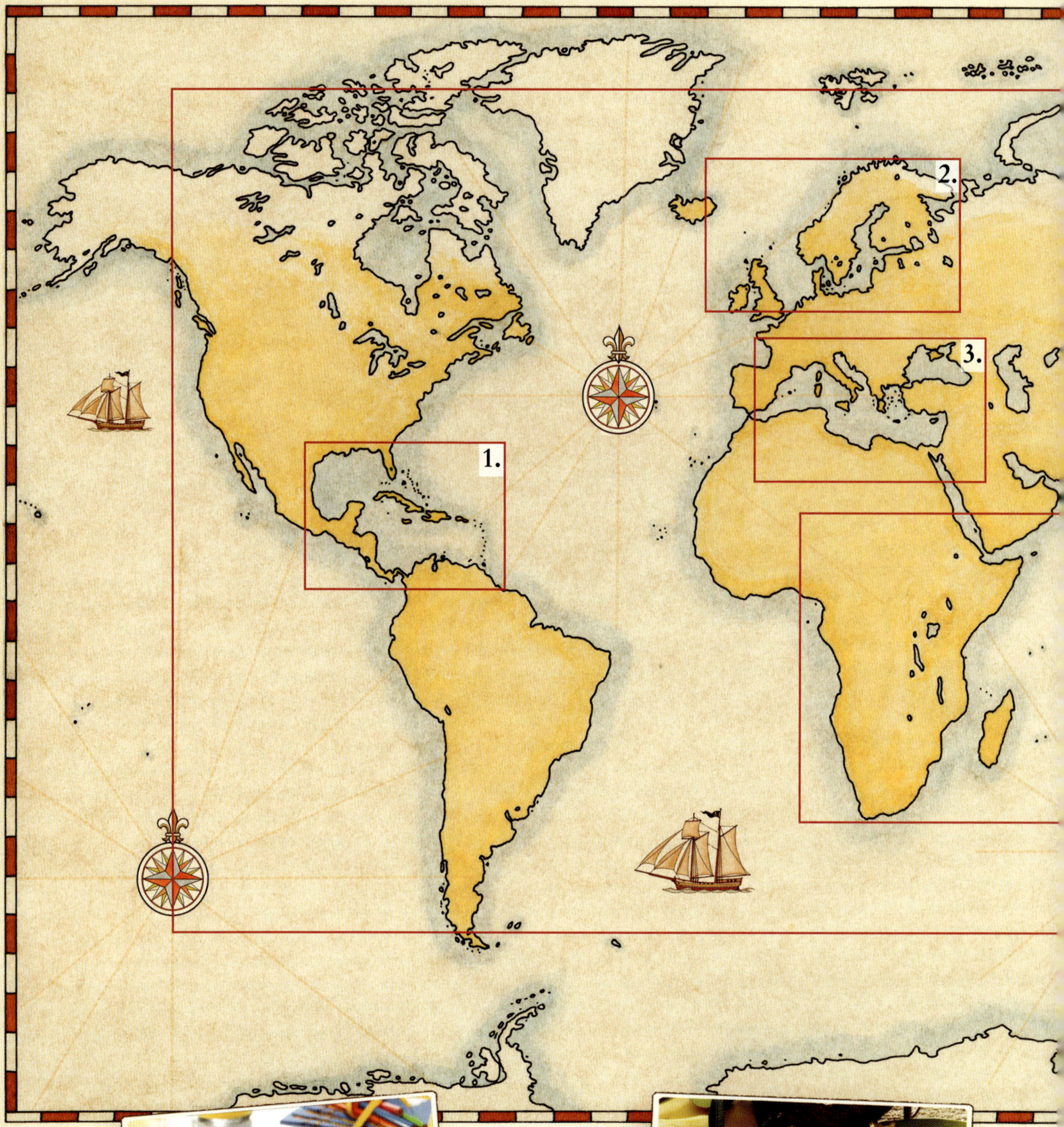
1.
2.
3.

Die Piraten der Sieben Weltmeere

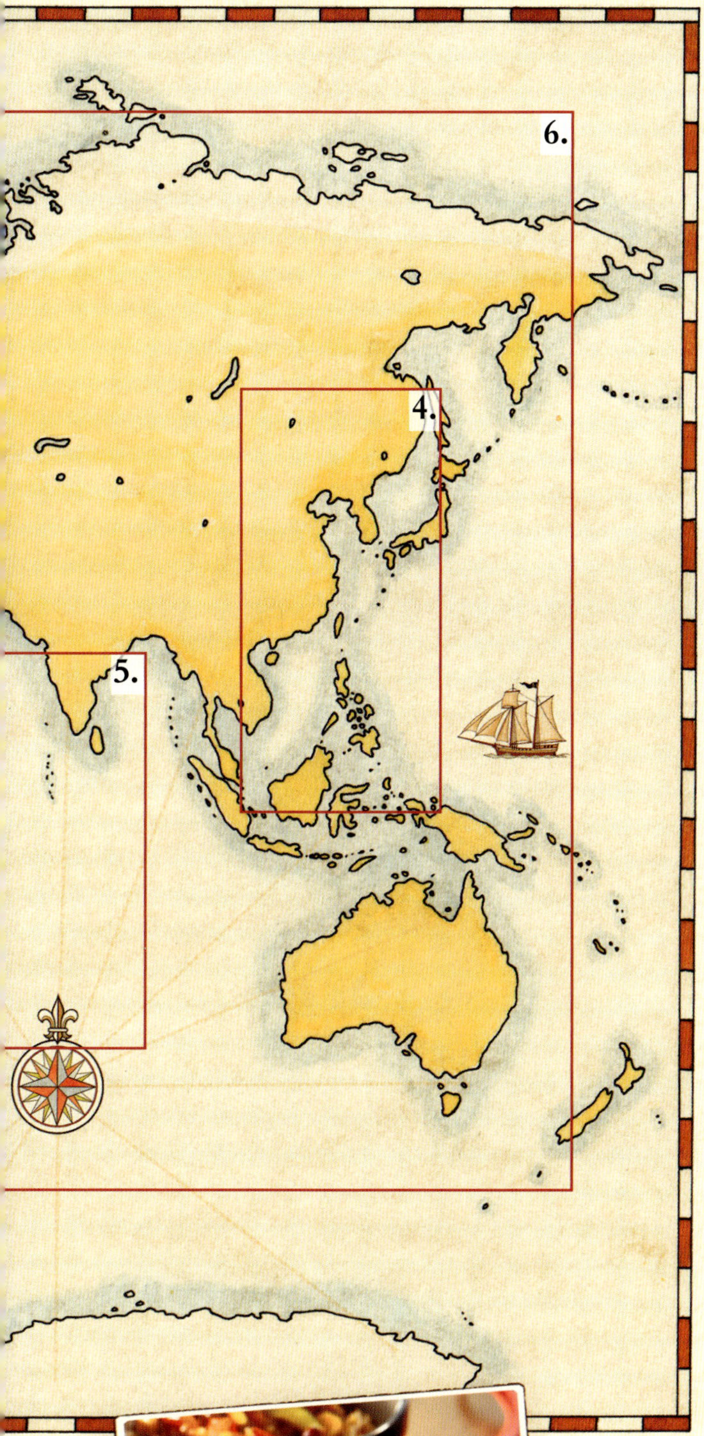

1. Bukanier

Die Bukanier terrorisierten die karibischen Gewässer des 16. und 17. Jahrhunderts. Sie waren ursprünglich aus der Heimat vertriebene, französische Jäger, die sich auf der Insel Hispaniola (heutiges Haiti und Dominikanische Republik) ansiedelten, weil dort riesige Schweine- und Rinderherden umherstreiften. Doch nach und nach gingen sie auch zur lukrativen Piraterie über.

2. Vitalienbrüder

Die Vitalienbrüder waren Seefahrer, die gegen Ende des 14. Jahrhunderts angeheuert wurden, um das belagerte Stockholm mit Lebensmitteln zu versorgen, indem sie die feindlichen dänischen Schiffe versenkten und den dänischen Seehandel störten. Als der Konflikt beigelegt war, wurden sie zu Seeräubern, welche die Nord- und Ostsee unsicher machten.

3. Korsaren

Als Korsaren bezeichnet man die Piraten, die vom 16. bis zum 18. Jahrhundert das Mittelmeer unsicher machten. Es gab zwei Gruppen von Korsaren, die muslimischen aus den Küstenstädten Nordafrikas und die christlichen, die von den Rittern des Malteserordens auf Malta unterstützt wurden.

4. Wōkòu

Die Wōkòu trieben ihr Unwesen im Chinesischen Meer vom 13. bis zum 16. Jahrhundert. Sie setzten sich vor allem aus japanischen Soldaten, Händlern und chinesischen Schmugglern sowie Banditen zusammen. In ihren Hochzeiten verfügten sie über eine Flotte von 300 bis 500 Schiffen.

5. Die Piratenrunde im Indischen Ozean

Als der Seeweg nach Indien entdeckt wurde, blühte die europäische Handelsschifffahrt im Indischen Ozean auf. Das machte sich die „Piratenrunde" zunutze und überfiel die mit kostbaren Waren des Ostens beladenen Handelsschiffe. Von ihrem Stützpunkt auf Madagaskar aus erbeuteten sie Gewürze, Edelsteine, Goldstaub, Elfenbein, Sklaven und vieles mehr.

6. Freibeuter

Freibeuter gab es auf allen Weltmeeren. Sie waren Piraten, die in Kriegszeiten von ihrer Regierung einen so genannten „Kaperbrief" erhalten hatten. Ein Kaperbrief war die offizielle schriftliche Genehmigung, Schiffe anderer Nationen auszurauben. Nach damaligem internationalem Recht war ein Kaperbrief anerkannt.

Partysuppe „Barbarossa“

Zutaten für 4 Personen:

400 g Hackfleisch
2 EL Speiseöl
1 Zucchini
1 Zwiebel
1 Knoblauchzehe
1 l Tomatensaft
2 kleine, eingelegte, scharfe Peperoni
1 kleine Dose Mais (285 ml)
1 Frischeschale Milkana
Tomate-Paprika (200 g)
Salz
frisch gemahlener Pfeffer
Zucker
Chilipulver

Zubereitung:

1 Das Hackfleisch in dem erhitzten Öl anbraten. Die Zucchini waschen, putzen und in Würfel schneiden. Die Zwiebel und den Knoblauch schälen. Die Zwiebel würfeln, den Knoblauch zerdrücken, alles zum Hackfleisch geben und andünsten.

2 Den Tomatensaft angießen, das Ganze aufkochen und ca. 10 bis 15 Minuten garen. Die Peperoni in Ringe schneiden, mit dem Mais und der Milkana-Frischeschale Tomate-Paprika in die Suppe geben und kurz mit erhitzen. Die Suppe mit Salz, Pfeffer, Zucker und Chilipulver abschmecken und nach Wunsch mit frischem Fladenbrot servieren.

Käpt'n Kuddels Kartoffelsuppe

Zubereitung:

1 Die Kartoffeln und den Sellerie schälen, waschen, würfeln und in zwei Esslöffeln Öl kräftig anbraten. Das Ganze mit der Gemüsebrühe aufgießen und in ca. 20 Minuten weich kochen. Anschließend mit dem Pürierstab fein pürieren. Die Suppe mit Salz, Pfeffer und Majoran würzen.

2 Die Knoblauchzehen schälen, grob hacken und in dem restlichen Öl kurz andünsten. Die Riesengarnelen zugeben und ganz kurz von beiden Seiten braten, dabei salzen und pfeffern. Die Suppe in Suppentassen füllen, etwas Crème fraîche zugeben und mit den Garnelen servieren.

Zutaten für 4 Personen:

200 g Kartoffeln
100 g Knollensellerie
4 EL Teutoburger Raps-Kernöl
0,75 l Gemüsebrühe
2 Knoblauchzehen
8 Riesengarnelen
75 g Crème fraîche mit 30 % Fett
Salz
Pfeffer
Majoran

Schellfischstreifen in Rote-Bete-Suppe

Zutaten für 4 Personen:

2 Zwiebeln
500 g Rote Bete
100 g Kartoffeln
1 EL Butter
1 l Gemüsebrühe
1 Beutel Ostmann Suppen-Gewürz
300 g Schellfischfilet
¼–½ TL Ostmann Salbei
¼–½ TL Ostmann Pfeffer, schwarz, gemahlen
3 TL Ostmann Kräuter-Jodsalz
200 ml süße Sahne
2 EL dunkler Balsamicoessig
150 g Crème fraîche zum Garnieren

Zubereitung:

1 Die Zwiebeln, die Rote Bete und die Kartoffeln schälen. Die Kartoffeln waschen und alle drei Zutaten in Würfel schneiden. Die Butter erhitzen und das Gemüse darin andünsten. Die Gemüsebrühe angießen, das Suppen-Gewürz hinzufügen, aufkochen und ca. 45 Minuten garen.

2 Das Fischfilet waschen, trocken tupfen, in Streifen schneiden und mit etwas Salbei, Pfeffer und einem Teelöffel von dem Kräuter-Jodsalz würzen. Die Suppe pürieren und mit der Sahne sowie dem Balsamicoessig verfeinern. Die Fischstreifen einlegen und ca. fünf Minuten gar ziehen lassen. Die Suppe mit den restlichen Gewürzen abschmecken, in Teller oder Tassen füllen und mit der Crème fraîche garniert servieren.

Smutje Svens Kokos-Kürbissuppe

Zubereitung:

1 Den Kürbis gut waschen und in Spalten schneiden. Die Kerne und grobe Fasern herauslösen, den Stielansatz entfernen und das Kürbisfleisch mit der Schale grob würfeln. Die Zwiebel schälen und fein hacken, die Knoblauchzehe abziehen und durch eine Knoblauchpresse drücken.

2 Alles in heißem Öl zehn Minuten andünsten. Die Kokosflocken und die Gemüsebrühe zugeben und das Ganze mit dem Rührstab fein pürieren. Mit der Sahne aufgießen und mit Salz, Ingwer, Curry und Zucker würzen. Weitere zehn Minuten köcheln lassen und anschließend nochmals nachwürzen. Mit einem Klacks cremig gerührtem Schmand und ein paar Petersilienblättchen servieren.

Zutaten für 4 Personen:

750 g Hokkaido-Kürbis
1 kleine Zwiebel
1 Knoblauchzehe
4 EL Teutoburger Raps-Kernöl
60 g Kokosflocken
0,6 l konzentrierte Gemüsebrühe
200 ml süße Sahne
Salz
Ingwer
Curry
1 TL Zucker
100 g Schmand zum Garnieren
Petersilienblättchen zum Garnieren

Scharfer Gulaschtopf

Zutaten für 4 Personen:

300 g mageres Rindfleisch
2 Zwiebeln
1 Knoblauchzehe
150 g Kartoffeln
je 1 kleine rote und grüne Paprikaschote
100 g Champignons
2 EL Speiseöl
1 Packung passierte Tomaten (400 g)
500 ml Tomatensaft
300 ml Brühe
2 TL Fuchs Gulasch-Gewürz
1 TL Fuchs Paprika, rosenscharf
1 TL Fuchs Majoran, gerebelt
¼ TL Fuchs Kümmel, ganz
Salz

Zubereitung:

1 Das Rindfleisch trocken tupfen und in kleine Würfel schneiden. Die Zwiebeln und den Knoblauch schälen. Die Zwiebeln in Ringe schneiden und den Knoblauch zerdrücken. Die Kartoffeln schälen, die Paprikaschoten halbieren und entkernen, mit den Kartoffeln waschen und beides würfeln. Die Champignons eventuell waschen, putzen und vierteln.

2 Das Öl erhitzen, das Fleisch dazugeben und gut anbraten. Die Zwiebelringe, den Knoblauch, die Paprikawürfel, die Champignonstücke und die Kartoffelwürfel hinzufügen und alles andünsten. Anschließend die passierten Tomaten, den Tomatensaft und die Brühe angießen, die Gewürze hinzufügen und abgedeckt ca. 30 bis 40 Minuten garen. Das Ganze mit den Gewürzen abschmecken und nach Wunsch mit frischem Bauernbrot servieren.

Bohneneintopf nach Piratenart

Zutaten für 4 Personen:

500 g grüne Bohnen
1 Bund Suppengrün
1 kleine Zwiebel
200 g Kassler
½ EL Butterschmalz
1 l kräftige Gemüsebrühe
2 große, mehligkochende Kartoffeln
100 g getrocknete Tomaten in Öl
1 TL Ostmann Bohnenkraut, gerebelt
Ostmann Pfeffer, weiß, gemahlen
100 g Crème fraîche zum Garnieren

Zubereitung:

1 Die Bohnen waschen, putzen und in Stücke mit einer Länge von 3 cm schneiden. Das Suppengrün putzen, waschen und klein schneiden. Die Zwiebel schälen und würfeln, das Kassler in gleichmäßige Stücke schneiden.

2 Das Butterschmalz in einem Topf erhitzen und die Zwiebelwürfel darin andünsten. Das Suppengrün und die Bohnen zugeben und kurz mitdünsten. Die Gemüsebrühe angießen, das Kassler zufügen und ca. 30 Minuten abgedeckt bei schwacher Hitze garen.

3 Die Kartoffeln schälen, waschen und in kleine Würfel schneiden. Die getrockneten Tomaten abtropfen lassen und ebenfalls in Würfel schneiden. Die Kartoffel- und die Tomatenwürfel sowie das Bohnenkraut in die Suppe geben und alles 15 bis 20 Minuten weiterkochen lassen. Die Suppe mit Pfeffer abschmecken, auf vier Tellern oder in Suppentassen anrichten und mit etwas Crème fraîche garnieren.

Freibeuters Fisch-Töpfchen

Zutaten für 4 Personen:

200 g Reis
1 Zwiebel
200 g Sellerie (Knolle)
200 g Karotten
4 Frühlingszwiebeln
2 EL Speiseöl
1,2 l Gemüsebrühe
100 ml Weißwein
400 g Fischfilet, z. B. Rotbarsch
1 EL Zitronensaft
Fuchs Fisch-Gewürz
Salz
evtl. frischer Liebstöckel zum Garnieren

Zubereitung:

1 Den Reis nach Packungsanweisung in Salzwasser kochen und gut abtropfen lassen. Die Zwiebel schälen und fein würfeln. Den Sellerie und die Karotten schälen, waschen und grob würfeln. Die Frühlingszwiebeln putzen, waschen und schräg in Stücke mit einer Länge von ca. 2 cm schneiden.

2 Das Öl erhitzen und das Gemüse darin andünsten. Die Gemüsebrühe und den Weißwein angießen und alles bei milder Hitze ca. zehn Minuten garen. Den Fisch waschen, trocken tupfen, würfeln, mit dem Zitronensaft beträufeln und mit dem Fisch-Gewürz bestreuen.

3 Den Fisch auf den Gemüse-Topf geben und ca. fünf bis zehn Minuten gar ziehen lassen. Den gegarten Reis hinzufügen und den Fisch-Gemüse-Topf mit Fisch-Gewürz abschmecken. Nach Wunsch mit Liebstöckel garnieren und mit frischem Weißbrot servieren.

Bunte Gemüse-Nudel-Suppe

Zutaten für 4 Personen:

50 g Penne
½ Wirsing
2 Karotten
300 g Zucchini
2 Fleischtomaten
3 EL Olivenöl
1,5 l Gemüsebrühe
250 g Kichererbsen aus der Dose
1–2 TL Ostmann Pesto Genovese
einige Spritzer Ostmann Knob-lauch-Soße
Ostmann Pfeffer, schwarz, gemahlen
evtl. geriebener Parmesan

Zubereitung:

1 Die Penne nach Packungsanweisung zubereiten, durch ein Sieb abgießen und abtropfen lassen. Den Wirsing putzen, waschen und in feine Streifen schneiden. Die Karotten schälen und waschen, die Zucchini waschen und putzen. Dann die Karotten und die Zucchini in Stifte schneiden. Die Tomaten waschen, halbieren, den Stielansatz und die Kerne entfernen und die Tomaten in Würfel schneiden.

2 Das Öl in einem großen Topf erhitzen, die Wirsingstreifen dazugeben und kurz andünsten. Die Gemüsebrühe angießen, aufkochen und alles bei mittlerer Hitze ca. 15 Minuten garen. Die Karottenstifte und die Kichererbsen zugeben und weitere 15 Minuten mitgaren. Dann die Zucchinistifte und die Tomatenwürfel hinzufügen und fünf Minuten mitgaren.

3 Die fertigen Penne dazugeben, kurz miterhitzen und mit dem Pesto, der Knoblauch-Soße und Pfeffer abschmecken. Nach Wunsch mit frisch geriebenem Parmesan servieren.

Zutaten für 4 Sandwiches:

„Paraguay“

1 kleine Dose Mais, Abtropfgewicht 140 g
1 Ei
3 EL Mehl
3 EL Butter
1 Papaya
8 Scheiben GOLDEN TOAST Vollkorn-Sandwich
4 EL Ricotta, cremig
Salz
brauner Zucker
Chilipulver

Zubereitung:

Maisfritter-Sandwich „Paraguay“

1 Die Maisdose öffnen und die Flüssigkeit abgießen. Drei Viertel der Maiskörner mit dem Ei im Mixer pürieren und mit einer Prise Salz und einem Teelöffel Zucker würzen. Das Mehl und die restlichen Maiskörner unterrühren.

2 In einer beschichteten Pfanne mit zwei Esslöffeln der Butter nacheinander acht runde Maisfritter ausbacken. Die Papaya schälen, die Kerne mit einem Teelöffel herauskratzen und das Fruchtfleisch in Scheiben schneiden.

3 Die Toastscheiben hell toasten und mit der restlichen Butter bestreichen. Vier Scheiben abwechselnd mit einer Schicht Papayascheiben, einer Schicht aus zwei Maisfrittern und einer zweiten Schicht Papayascheiben belegen. Den Ricotta cremig rühren und auf den Sandwiches verteilen.

4 Das Ganze unter dem Backofengrill zwei Minuten überbacken, sodass die Papayascheiben und der Ricotta dabei heiß, aber nicht gebräunt werden. Mit einem Hauch Chili und etwas Zucker bestreuen. Die restlichen vier Toastscheiben als Deckel auf die Sandwiches legen, diese halbieren und servieren.

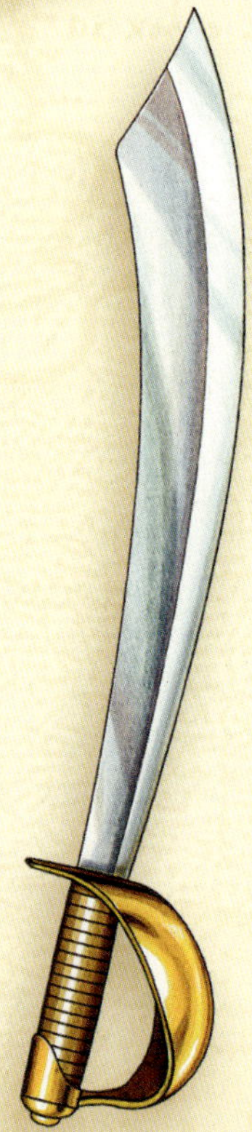

Zutaten für je 4 Sandwiches:

„Costa Rica"

2 EL Rosinen
2 EL Rum, für Kinder: Apfelsaft
2 EL Kokosflocken
300 g exotische Früchte (z. B. Ananas, Kiwi, Mango, Papaya)
8 Scheiben GOLDEN TOAST American Sandwich
4 EL Crème fraîche
1 Päckchen Vanillezucker

„Trinidad/Tobago"

1 Mango
1 Fleischtomate
2 Frühlingszwiebeln
12 kleine Salatblätter
8 Scheiben GOLDEN TOAST Vollkorn-Sandwich
4 EL Frischkäse
Salz
Piment
Zahnstocher

Zubereitung:

Früchte-Sandwich „Costa Rica"

1 Die Rosinen mit dem Rum (bzw. Apfelsaft) mischen und möglichst lange, am besten über Nacht, einweichen.

2 Die Kokosflocken in einer Pfanne ohne Fett rösten, bis die Flocken duften. Dabei ständig umrühren. Auf einem Teller abkühlen lassen. Die exotischen Früchte schälen, falls nötig entkernen und in dünne Scheiben schneiden. Die Toastscheiben entrinden. Die Crème fraîche und den Vanillezucker miteinander verrühren und die Brotscheiben damit bestreichen. Die Rosinen abgießen.

3 Vier der Toastscheiben mit den Früchtescheiben belegen und mit Kokosflocken und Rosinen bestreuen. Die restlichen Brotscheiben als Deckel darauflegen. Die Sandwiches halbieren oder vierteln und servieren.

Mango-Sandwich „Trinidad/Tobago"

1 Die Mango schälen, das Fruchtfleisch vom Stein lösen und in Scheiben schneiden. Die Tomate, die Zwiebeln und die Salatblätter waschen. Die Tomate in Scheiben schneiden, welke Blätter und Wurzeln von den Zwiebeln entfernen und die Zwiebeln fein schneiden. Die Salatblätter in kleine Stücke zupfen.

2 Die Toastscheiben toasten und mit Frischkäse bestreichen. Vier der Toastscheiben mit Salatblättern, Mango- und Tomatenscheiben belegen. Jede Schicht mit Zwiebelstückchen bestreuen und mit Salz und Piment leicht würzen. Die Sandwiches mit Zahnstochern fixieren, halbieren und servieren.

Zutaten für je 4 Sandwiches:

„Togo“

ca. 200 g Hähnchenbrustfilet
1 EL Öl
4 Scheiben Ananas, frisch oder aus der Dose
2–3 Minzezweigchen
8 Scheiben GOLDEN TOAST American Sandwich
2–3 EL Erdnussbutter
Cayennepfeffer
Salz

Zubereitung:

Chicken-Sandwich „Togo“

1 Das Hähnchenbrustfilet mit Cayennepfeffer und Salz würzen, mit dem Öl in einer kleinen Pfanne bei mittlerer Hitze ca. 15 Minuten braten und auf einem Teller abkühlen lassen.

2 Die Ananasscheiben halbieren und die Hälften in zwei dünnere Scheiben schneiden. Die Minze waschen, trocken schütteln und die Blättchen abzupfen. Einige Blättchen für die Dekoration aufbewahren, den Rest fein schneiden. Die Hähnchenbrust in dünne Scheiben schneiden.

3 Die Sandwichscheiben entrinden und mit Erdnussbutter bestreichen. Vier der Scheiben mit den Hähnchenbrust- und Ananasscheiben belegen und mit der geschnittenen Minze bestreuen. Die restlichen vier Sandwichscheiben als Deckel auflegen und leicht andrücken.

4 Die Sandwiches halbieren, mit den zur Seite gelegten Minzeblättchen oder einem Stück Ananas dekorieren und servieren.

„Mexiko“

2 reife Avocados
½ unbehandelte Limette
½ Bund Koriander
2 Fleischtomaten
8 Scheiben GOLDEN TOAST Maximum-Sandwich
Salz
Pfeffer

Zubereitung:

Guacamole-Sandwich „Mexiko“

1 Die Avocados halbieren, das Fruchtfleisch herauslöffeln und die Kerne entfernen. Ein wenig Limettenschale abreiben und den Saft auspressen. Das Avocadofruchtfleisch mit Limettensaft und -schale, Salz und Pfeffer in eine Schüssel geben und mit einer Gabel zerdrücken. Den Koriander waschen, trocken schütteln und die Blättchen abzupfen. Die Tomaten waschen und in Scheiben schneiden.

2 Die Sandwichscheiben toasten, mit der Avocadocreme bestreichen und mit den Korianderblättchen bestreuen. Vier der Sandwichscheiben mit den Tomatenscheiben belegen und die Tomaten mit Salz und Pfeffer würzen. Jeweils eine zweite Sandwichscheibe als Deckel darauflegen und leicht andrücken. Die Sandwiches halbieren oder vierteln, mit Korianderblättchen garnieren und servieren.

Zutaten für 4 Sandwiches:

„El Salvador"

2 EL Cashewkerne
1 EL Pinienkerne
4 getrocknete Aprikosen
1 EL Rosinen
2 Bananen
1 TL Zitronensaft
8 Scheiben GOLDEN TOAST Vollkorn-Sandwich
4 EL Nuss-Nugat-Creme

Zubereitung:

Nuss-Nugat-Sandwich „El Salvador"

1 Die Cashew- und Pinienkerne in einer Pfanne ohne Fett rösten, bis sie duften, und auf einem Teller abkühlen lassen. Die Aprikosen in Streifen schneiden und mit den Rosinen mischen.

2 Eine halbe Banane mit dem Zitronensaft in einer Schüssel mit der Gabel zerdrücken. Den Rest der Bananen in Scheiben schneiden.

3 Die Sandwichscheiben entrinden. Vier Scheiben mit Nuss-Nugat-Creme und die anderen vier mit der Bananencreme bestreichen. Die Brotscheiben mit Nuss-Nugat-Creme mit den Bananenscheiben belegen und mit den Nüssen und Trockenfrüchten bestreuen. Die Banancreme-Brotscheiben als Deckel darauflegen und leicht andrücken. Die Sandwiches vierteln und servieren.

Zutaten für 4 Personen:

Rinderfilets auf Mango-Estragon-Soße

1–2 EL Ostmann grüner Pfeffer, frisch eingelegt
4 Rinderfiletsteaks (à ca. 180 g)
4 EL Speiseöl
1 große, reife Mango
1 rote Zwiebel
1 Knoblauchzehe
1 TL Ostmann Estragonblätter, geschnitten
1 EL Zucker
1–2 EL Estragonessig
150 ml Rinder- oder Gemüsebrühe
Salz
Pfeffer
evtl. Kräuter zum Garnieren

Zubereitung:

1 Den Backofen auf 80° C, Gas Stufe 1, Umluft 60° C vorheizen. Die Pfefferkörner fein hacken. Die Steaks waschen, trocken tupfen, mit Salz und Pfeffer einreiben und in zwei Esslöffeln erhitztem Öl ca. sieben bis acht Minuten braten. Die Steaks in eine Auflaufform geben und im Ofen ca. 30 bis 40 Minuten sanft rosa garen.

2 Die Mango schälen, das Fruchtfleisch in ca. 5 mm dicken Spalten vom Stein schneiden und beiseitestellen. Die Zwiebel und die Knoblauchzehe schälen, die Zwiebel fein würfeln, den Knoblauch zerdrücken. Das restliche Öl in einer Pfanne erhitzen, Zwiebelwürfel, Knoblauch sowie Estragonblätter dazugeben und alles ca. fünf Minuten dünsten.

3 Das Ganze mit Zucker überstreuen, karamellisieren lassen und mit dem Essig ablöschen. Die Mangospalten untermischen, die Brühe angießen und die Soße etwas einkochen lassen. Mit Salz und Pfeffer abschmecken, die Filets mit der Soße anrichten und nach Wunsch mit Kräutern garniert servieren.

Zutaten für ca. 2 Gläser à 250 ml:

Exotisches Ananas-Chutney

1 frische Ananas (ca. 520 g)
1 kleine Papaya (ca. 200 g)
4 Zwiebeln
100 ml Zitronenessig
100 ml Obstessig
150 g Zucker
2 EL Zitronensaft
40 g Rosinen
2 EL Ostmann Ingwer, gemahlen
3 TL Ostmann Curry
1 TL Ostmann Cayennepfeffer, gemahlen
1 Msp. Einmach-Hilfe

Zubereitung:

1 Die Ananas und die Papaya schälen, halbieren und den Ananasstrunk und die Papayakerne entfernen. Die Zwiebeln schälen und mit der Ananas und der Papaya in Würfel schneiden.

2 Die beiden Essigsorten mit dem Zucker und dem Zitronensaft zum Kochen bringen. Die Ananas-, Papaya- und Zwiebelwürfel, die Rosinen und den Ingwer zugeben. Alles mit Curry und Cayennepfeffer abschmecken und bei milder Hitze ca. 45 Minuten dünsten, bis die Flüssigkeit verdampft ist.

3 Die Einmach-Hilfe einstreuen, das Chutney in vorbereitete Gläser füllen und gut verschließen.

Rinderfilets auf Mango-Estragon-Soße

Zutaten für 4 Personen:

500 g Schweinefleisch
je 1 große grüne und gelbe Zucchini
1 rote Zwiebel
4 Frühlingszwiebeln
1 große Banane
2 EL Speiseöl
200 ml Kokosmilch
200 ml Gemüsebrühe
100 ml Weißwein
Salz
1 TL Fuchs Curry „Goldelefant“
½ TL Fuchs Paprika edelsüß, mild
¼ TL Fuchs Cayennepfeffer

Zubereitung:

1 Das Schweinefleisch waschen, trocken tupfen und in Streifen schneiden. Die Zucchini waschen, putzen, der Länge nach achteln und in Stifte schneiden. Die Zwiebel schälen und in Ringe schneiden. Die Frühlingszwiebeln putzen, waschen und längs in ca. 2 cm lange Streifen schneiden. Die Banane schälen und in Scheiben schneiden.

2 Die Schweinefleischstreifen in dem erhitzten Öl anbraten. Die Zucchinistifte und Zwiebelringe dazugeben und ca. fünf Minuten mitdünsten. Kokosmilch, Gemüsebrühe und Wein angießen, aufkochen und ca. acht bis zehn Minuten garen. Die Frühlingszwiebeln untermischen. Das Ganze mit Salz, Curry, Paprika und Cayennepfeffer abschmecken und anschließend die Bananenscheiben hinzugeben.

Gewürzpfanne „Sieben Meere“

Mini-Hackbällchen mit Mango-Dip

Zutaten für 4 Personen:

Für die Hackbällchen:
1 rote Chilischote
600 g Hackfleisch, gemischt
1 Ei
100 g Magerquark
3 EL Paniermehl
2 TL Currypulver
2 EL Sesam
2 EL Olivenöl
Salz
frisch gemahlener Pfeffer
Zahnstocher

Für den Dip:
1 Mango (ca. 400 g)
1 Zwiebel
1 Knoblauchzehe
je 1 kleine rote und grüne Paprikaschote
1 EL Olivenöl
2 EL Mango-Chutney
1 ½ EL Apfelessig
Salz
frisch gemahlener Pfeffer

Zubereitung:

1 Die Chilischote halbieren, entkernen, waschen und in feine Würfel schneiden. Das Hackfleisch mit den Chiliwürfeln, Ei, Quark, Paniermehl, Currypulver und Sesam vermengen. Das Ganze mit Salz und Pfeffer würzen und zu kleinen Bällchen formen. Die Hackbällchen in dem erhitzten Öl ca. zehn Minuten braten.

2 Für den Dip die Mango schälen, das Fruchtfleisch in Spalten vom Kern schneiden und pürieren. Zwiebel und Knoblauchzehe schälen, die Zwiebel würfeln und den Knoblauch zerdrücken. Die Paprikaschoten halbieren, entkernen, waschen und fein würfeln.

3 Paprikawürfel, Zwiebelwürfel und Knoblauch in dem Öl ca. fünf Minuten dünsten und etwas abkühlen lassen. Das Ganze mit dem Mangopüree, dem Chutney und dem Apfelessig verrühren und mit Salz und Pfeffer abschmecken. Die Hackbällchen auf Zahnstocher stecken und mit dem Mango-Dip sowie nach Wunsch mit Naan- oder Fladenbrot servieren.

Mongolischer Mango-Rindfleisch-Wok

Zubereitung:

1 Das Fleisch waschen, trocken tupfen und in Streifen schneiden. Die Sojasoße, den Reiswein, je einen Teelöffel Ingwer und Kräutersalz sowie je ¼ Teelöffel Koriander und Zitronengras miteinander verrühren. Alles mit dem Fleisch vermischen und kurze Zeit durchziehen lassen.

2 Die Paprikaschoten halbieren, entkernen, waschen und in Streifen schneiden. Die Mango schälen, das Fruchtfleisch in Spalten vom Stein schneiden und würfeln. Die Frühlingszwiebeln putzen, waschen und schräg in Stücke schneiden.

3 Das Öl erhitzen, das Fleisch darin anbraten, herausnehmen und beiseitestellen. Die Paprikastreifen, Mangowürfel und Zwiebelstücke in das verbliebene Bratfett geben und andünsten. Das Fleisch wieder dazugeben, mit den Gewürzen abschmecken und nach Wunsch mit aromatischem Basmatireis servieren.

Zutaten für 4 Personen:

600 g Rinderfilet oder -steaks
5 EL Fuchs Sojasoße
3 EL Reiswein
1–2 TL Fuchs Ingwer, gemahlen
1–2 TL Fuchs Kräutersalz mit Meersalz
¼–½ TL Fuchs Koriander, gemahlen
¼–½ TL Fuchs Zitronengras, gemahlen
2 rote Paprikaschoten
1 Mango
ca. 100 g Frühlingszwiebeln
2 EL Sesamöl
½–1 TL Fuchs Knoblauch-Würzpaste

Schnitzelröllchen süßsauer

Zubereitung:

1 Die Schnitzel waschen, trocken tupfen, dünn klopfen, mit Salz und Pfeffer würzen und mit der Erdnusscreme bestreichen. Die Schnitzel aufrollen, mit den Zahnstochern fixieren und in dem erhitzten Öl anbraten. 100 ml Wasser angießen und das Ganze abgedeckt ca. 10 bis 15 Minuten garen.

2 Den Reis nach Packungsanweisung zubereiten. Die Soße zu den Schnitzelröllchen geben und miterhitzen. Alles auf Tellern anrichten und mit den gehackten Erdnüssen bestreut servieren.

Zutaten für 2 Personen:

2 Schweineschnitzel
2 EL Erdnusscreme
1 EL Speiseöl
1 Kochbeutel Uncle Ben's Basmatireis (125 g)
1 Glas Uncle Ben's Soße Chinesisch – Süßsauer Extra Gemüse (400 g)
50 g gehackte Erdnüsse
Salz
Pfeffer
Zahnstocher

Frikadellen mit Country-Potatoes

Zutaten für 4 Personen:

600 g möglichst festkochende Frühkartoffeln
600 g frisches oder tiefgefrorenes Gemüse, z. B. Erbsen, Karotten, Blumenkohl, Mais
1 Zwiebel
1 altbackenes Brötchen
400 g gemischtes Hackfleisch
2 Eier
fein gewiegte Petersilie
5 EL Teutoburger Raps-Kernöl zum Braten
Raps-Kernöl für die Fritteuse
Salz
Pfeffer
Knoblauchpulver
Paprikapulver
Majoran

Zubereitung:

1 Die ungeschälten Kartoffeln mit einer Bürste kräftig säubern, abwaschen, in 4 bis 5 cm große Ecken schneiden und gut abtropfen lassen. Das Gemüse putzen, waschen und mundgerecht zerkleinern oder auftauen lassen. Die Zwiebel schälen und fein würfeln.

2 Das Brötchen in Wasser einweichen, ausdrücken und mit dem Hackfleisch, den Eiern sowie den Zwiebelwürfeln vermengen. Das Ganze kräftig mit Salz, Pfeffer, Knoblauch, Paprika, Majoran und der Hälfte der Petersilie würzen. Aus der Masse vier gleich große Frikadellen formen. In einer Pfanne vier Esslöffel von dem Öl zum Braten erhitzen und darin die Frikadellen von beiden Seiten schön braun braten.

3 Inzwischen das Gemüse in wenig Wasser 15 Minuten dünsten und gut abtropfen lassen. Mit Salz, Pfeffer und der restlichen Petersilie würzen. Die Kartoffelecken in einer Fritteuse in heißem Öl hellgelb backen, anschließend gut abtropfen lassen und mit Salz und Paprikapulver würzen. Das Gemüse in dem restlichen Öl schwenken und mit den Frikadellen und den Country-Potatoes anrichten.

Schweinefilet mit Papaya-Kraut-Füllung

Zutaten für 4 Personen:

ca. 600 g Schweinefilet
2 EL Kühne Senf, mittelscharf
1 Dose Kühne Sauerkraut, mild (850 ml)
1 Papaya
2 EL Sonnenblumenöl
300 ml Geflügelbrühe
1 EL Currypulver
200 ml süße Sahne
evtl. heller Soßenbinder
Salz
frisch gemahlener Pfeffer
Küchengarn

Zubereitung:

1 Das Schweinefilet waschen, trocken tupfen, längs wie eine Roulade aufschneiden, mit dem Senf bestreichen, salzen und pfeffern. Das Sauerkraut abtropfen lassen, den Saft dabei auffangen und ca. sechs Esslöffel Sauerkraut auf dem Filet verteilen. Die Papaya schälen, halbieren, die Kerne entfernen und das Fruchtfleisch in Spalten schneiden. Die Hälfte der Papayaspalten auf der Mitte des Filets verteilen, das Ganze aufrollen und mit Küchengarn fixieren.

2 Das Öl in einer Pfanne erhitzen, das Schweinefilet rundherum braun anbraten, mit der Geflügelbrühe ablöschen und ca. 30 Minuten abgedeckt garen. Anschließend das Filet warm stellen. Die restlichen Papayaspalten würfeln, mit dem übrigen Sauerkraut im eigenen Saft in einem Topf ca. 15 Minuten garen und mit Salz, Pfeffer sowie dem Currypulver abschmecken.

3 Den Filetfond mit der Sahne und Curry verfeinern, aufkochen lassen, mit Salz und Pfeffer abschmecken und nach Wunsch mit hellem Soßenbinder andicken. Das Filet in Scheiben schneiden und mit der Soße, dem Sauerkraut sowie nach Wunsch mit frischen Bandnudeln servieren.

Störtebekers Sesamschnitzel

Zubereitung:

1 Den Reis nach Packungsanweisung zubereiten. Die Schnitzel waschen, trocken tupfen und mit Salz und Pfeffer würzen.

2 Das Ei verquirlen, die Schnitzel erst in dem verquirlten Ei, dann im Sesam wenden und in dem erhitzten Öl ca. zehn Minuten knusprig braten. Die Soße nach Packungsanweisung erhitzen und mit dem Reis und den Schnitzeln servieren.

Zutaten für 2 Personen:

1 Kochbeutel Uncle Ben's Basmati- und Thai-Reis (125 g)
2 Putenschnitzel (à ca. 120 g)
1 Ei
2 EL Sesam
1 EL Speiseöl
1 Glas Uncle Ben's Soße Chinesisch – Süßsauer Extra Ananas (400 g)
Salz
Pfeffer

Zutaten für 2 Personen:

125 g Uncle Ben's 10-Minuten-Spitzen-Langkorn-Reis
1 rote Paprikaschote
1 kleines Glas eingelegte Maiskölbchen (330 ml)
300 g Hackfleisch
1 EL Speiseöl
1 Glas Uncle Ben's Soße Mexikanische Art – Chili und Rote Bohnen (400 g)
2–4 eingelegte Peperoni

Zubereitung:

1 Den Reis nach Packungsanweisung zubereiten. Die Paprikaschote halbieren, entkernen, waschen und würfeln. Die Maiskölbchen abtropfen lassen und eventuell halbieren.

2 Das Hackfleisch in dem erhitzten Öl anbraten, die Paprikawürfel dazugeben, andünsten und abgedeckt ca. fünf Minuten garen. Die Maiskölbchen, die Soße und den fertigen Reis hinzufügen, miterhitzen und mit den eingelegten Peperoni garniert servieren.

Die Waffen der Piraten

Das Entermesser war die beliebteste Waffe der Piraten. Seine kurze, breite Klinge eignete sich besonders gut für Kämpfe auf begrenztem Raum wie an Bord eines Schiffes. Viele Piraten hatten auch Pistolen. Diese hatten den Vorteil, dass sie klein und leicht zu tragen waren. Weil sie nur einmal abgefeuert werden konnten, bevor man nachladen musste, wurde der Griff der Pistolen oft so verstärkt, dass man ihn als Schlagwaffe einsetzen konnte. Für Überraschungsangriffe verwendeten die Piraten gerne Dolche, weil man sie gut unter der Kleidung verstecken konnte. Außerdem waren sie so klein, dass man sie für Kämpfe unter Deck benutzen konnte, wo es aufgrund der Enge kaum möglich war, ein Entermesser zu schwingen.

Käpt'n Kidds Chilipfanne

Zutaten für 4 Personen:

Thunfischspieße „Captain Cook“
200 g Thunfisch
8 Riesengarnelen
8 Jakobsmuscheln
2 dicke Scheiben Ananas
1 Kiwi
4 Spieße

Seeteufelspieße „Diabolo“
250 g Seeteufelfilet
400 g Lachsfilet
100 g Zucchini
100 g Aubergine
4 Schalotten
4 Spieße

Für die Marinade und zum Braten:
200 ml Teutoburger Raps-Kernöl
Saft einer Limone
6 EL Raps-Kernöl
Salz
weißer Pfeffer
Cayennepfeffer

Für den Curryreis:
2 Zwiebeln
2 EL Teutoburger Raps-Kernöl
2 TL Currypulver
1 TL Salz
250 g Parboiled Reis

Zubereitung:

1 Für die Thunfischspieße den Thunfisch waschen, trocken tupfen und in vier Würfel schneiden. Die Riesengarnelen so schälen, dass die Schwanzenden an den Garnelen bleiben. Die Jakobsmuscheln auslösen, den roten Corail (Rogensack) entfernen und die weißen Muskelstränge waschen. Die Ananasscheiben in acht Stücke schneiden, die Kiwi schälen und vierteln. Zum Schluss alles abwechselnd auf die vier Spieße stecken.

2 Für die Seeteufelspieße die Fischfilets waschen und trocken tupfen. Das Seeteufelfilet in acht Medaillons und das Lachsfilet in 12 gleich große Stücke schneiden. Das Gemüse putzen und waschen und die Schalotten schälen. Die Zucchini in acht und die Aubergine in vier Stücke schneiden. Zum Schluss alles abwechselnd auf die vier Spieße stecken.

3 Die 200 ml Öl mit dem Limonensaft, Salz, weißem Pfeffer und Cayennepfeffer verrühren und alle Spieße darin eine Stunde marinieren. Anschließend die Spieße gut abtropfen lassen. In einer Pfanne die sechs Esslöffel Öl erhitzen und die Fischspieße darin ausbraten.

4 Für den Curryreis die Zwiebeln schälen, fein würfeln und in heißem Öl andünsten. Currypulver und Salz zufügen, mit Wasser auffüllen und das Ganze zum Kochen bringen. Den Reis zugeben und bei geringer Hitze 20 Minuten garen. Den Curryreis abgießen, abtropfen lassen und mit den Fischspießen servieren.

Fischspieße mit Curryreis

Zutaten für je 4 Spieße:

Putenspieße:
400 g Putenfleisch
2 Stangen Staudensellerie
4 getrocknete Tomaten in Öl
200 g frische Ananas
6 EL Teutoburger Raps-Kernöl
Salz
weißer Pfeffer
Paprikapulver
4 Spieße

Zubereitung:

1 Das Putenfleisch kalt abbrausen und mit Küchenkrepp trocken tupfen. Den Staudensellerie putzen und waschen. Die getrockneten Tomaten abtropfen lassen.

2 Das Putenfleisch, den Staudensellerie und die Ananas in mundgerechte Stücke schneiden und mit den Tomaten abwechselnd auf die Spieße stecken. Mit Salz, Pfeffer und Paprikapulver gut würzen und in dem erhitzten Öl rundherum schön knusprig braten.

Rinderspieße:
300 g mageres Rindfleisch
½ gelbe Paprikaschote
½ grüne Paprikaschote
½ rote Paprikaschote
2 Schalotten
200 g magerer, durchwachsener Speck
6 EL Teutoburger Raps-Kernöl
Salz
weißer Pfeffer
Paprikapulver
Rosmarin
4 Spieße

Zubereitung:

1 Das Rindfleisch kalt abbrausen und trocken tupfen. Die Paprikahälften waschen, das Kerngehäuse entfernen und das Fruchtfleisch in Stücke schneiden. Die Schalotten schälen und halbieren. Den Speck in fingerdicke Stücke schneiden.

2 Alles abwechselnd auf die Spieße stecken. Mit Salz, Pfeffer, Paprikapulver und Rosmarin würzen und die Spieße in einer Pfanne in dem erhitzten Öl rundherum schön knusprig braten.

Schweinespieße:
400 g Schweinefilet
4 Partytomaten
1 kleine Zucchini
2 rote Zwiebeln
6 EL Teutoburger Raps-Kernöl
Salz
weißer Pfeffer
Paprikapulver
Rosmarin
4 Spieße

Zubereitung:

1 Das Filet säubern, waschen und mit Küchenkrepp trocken tupfen. Die Tomaten und die Zucchini waschen. Die Zwiebeln schälen und halbieren. Das Schweinefilet in 12, die Zucchini in acht Scheiben schneiden und diese mit den Zwiebelhälften und Partytomaten abwechselnd auf die Spieße stecken.

2 Mit Salz, Pfeffer, Paprikapulver und Rosmarin würzen und in einer Grillpfanne in heißem Öl rundherum knusprig braten. Dazu schmeckt Knoblauchbaguette, das in Raps-Kernöl goldbraun geröstet wurde, und ein knackiger Endiviensalat.

Grillspieße „Treasure Island"

Filetspießchen mit Mango und Edelpilzkäse

Zubereitung:

1 Das Schweinefilet von allen Sehnen und größeren Fettstücken befreien, waschen und trocken tupfen. Den Thymian waschen, trocken schütteln und die Blättchen von den Stielen streifen. Die Thymianblättchen mit dem Senf verrühren. Das Schweinefilet mit Salz und Pfeffer würzen und mit der Senfmischung dünn einpinseln.

2 In einer Pfanne die Butter mit dem Öl erwärmen. Das Filet darin bei schwacher bis mittlerer Hitze rundherum je nach Dicke des Filets 15 bis 18 Minuten braten. Dann aus der Pfanne nehmen und abkühlen lassen. Inzwischen die Mango schälen, das Fruchtfleisch vom Kern und in etwa 2 cm große Würfel schneiden. Die Chilischote waschen, vom Stiel befreien und mit den Kernen sehr fein hacken. Die Limette auspressen, den Saft mit der gehackten Chili und dem Honig verrühren und die Mangowürfel untermischen.

3 Den Käse in etwa 1 ½ cm große Würfel, das Schweinefilet in etwa 2 cm große Würfel schneiden. Jeweils ein Stück Fleisch, einen Mangowürfel und einen Käsewürfel auf einen Zahnstocher oder ein Spießchen stecken und auf einer Platte oder in einer Schale anrichten.

Zutaten für ca. 40 Spießchen:

300 g Schweinefilet am Stück
2 Zweige frischer Thymian
2 TL scharfer Senf
1 EL Butter
1 EL Öl
1 Mango
1 rote Chilischote
1 Limette
1 TL Honig
150 g Bergader Edelpilzkäse
Salz
Pfeffer
Zahnstocher oder kleine Partyspießchen

Spieße auf Petersilien-Karotten-Reis

Zutaten für 4 Personen:

1 Mango (ca. 400 g)
400 g Karotten
250 ml Orangensaft
250 g dünne Putenschnitzel
2 EL Öl
250 g Uncle Ben´s Basmati- und Thai-Reis
1 Bund Minze
300 g Magermilch-Joghurt
Saft von 1 Limette
1 Bund Petersilie
Salz
frisch gemahlener Pfeffer
Spieße

Zubereitung:

1 Die Mango schälen, das Fruchtfleisch in dünnen Spalten vom Stein schneiden und die Hälfte der Spalten fein würfeln. Die Karotten putzen, schälen und waschen. Die Hälfte der Karotten mit einem Sparschäler längs in dünne Streifen schneiden, den Rest fein würfeln. Den Orangensaft aufkochen. Die Karottenstreifen und Mangospalten ca. ein bis zwei Minuten darin garen und wieder herausnehmen. Den Orangensaft beiseitestellen.

2 Die Schnitzel waschen, trocken tupfen und in dünne Streifen schneiden. Die Karottenwürfel in einem Esslöffel von dem erhitzten Öl andünsten. Den Reis und etwas Salz zufügen, mit 600 ml Wasser ablöschen und aufkochen. Den Reis abgedeckt ca. zehn Minuten ausquellen lassen.

3 Die Putenstreifen, die Mangospalten und die Karottenstreifen abwechselnd wellenförmig auf Spieße stecken und mit Salz und Pfeffer würzen. Die Spieße in dem restlichen erhitzten Öl anbraten, mit dem beiseitegestellten Orangensaft ablöschen, aufkochen und ca. eine Minute köcheln lassen.

4 Die Minzeblätter abzupfen, waschen und fein hacken. Dann die gehackten Blätter mit dem Joghurt und dem Limettensaft verrühren und mit Salz und Pfeffer abschmecken. Die Petersilie waschen, trocken schütteln, fein hacken und mit den Mangowürfeln unter den Reis heben. Die Spieße auf dem Petersilien-Karotten-Reis anrichten und mit dem Minz-Joghurt servieren.

Scampi-Spieße mit Chili-Knoblauch-Aioli

Zutaten für 4 Personen:

Für die Marinade:
4 EL Speiseöl
Salz
2 TL Ostmann Chili-und-Knoblauch-Gewürzmischung
Ostmann Bunter-Pfeffer-Gewürzmischung
2 Frühlingszwiebeln

Für die Spieße:
16 Scampi
8 Kirschtomaten
1 Zucchini
Spieße

Für die Chili-Knoblauch-Aioli:
150 g Salatmayonnaise
50 g Crème fraîche
½ TL Senf
etwas Zitronensaft
Salz
Ostmann Pfeffer, weiß, gemahlen
2 TL Ostmann Chili-und-Knoblauch-Gewürzmischung
2 Knoblauchzehen

Zubereitung:

1 Für die Marinade das Öl mit Salz, Chili-und-Knoblauch-Gewürzmischung sowie der Pfeffer-Gewürzmischung verrühren. Die Frühlingszwiebeln putzen, waschen, in feine Ringe schneiden und in die Marinade geben.

2 Für die Spieße die Scampi, die Tomaten und die Zucchini waschen. Die Zucchini in Stücke schneiden und mit den Scampi und den Tomaten abwechselnd auf die Spieße stecken. Die Spieße mit der Marinade bestreichen und in einer erhitzten Pfanne ca. fünf bis zehn Minuten braten.

3 Für die Aioli die Mayonnaise, die Crème fraîche und den Senf miteinander verrühren, mit dem Zitronensaft, Salz, Pfeffer sowie Chili-und-Knoblauch-Gewürzmischung würzen. Die Knoblauchzehen schälen, zerdrücken und dazugeben. Die Aioli nach Wunsch mit Chili-und-Knoblauch-Gewürzmischung bestreuen und zusammen mit den Spießen servieren.

Szechuan-Fischspieße

Zubereitung:

1 Den Reis nach Packungsanweisung zubereiten, abgießen und warm stellen. Die Paprikaschoten halbieren, entkernen und waschen. Die Mango schälen, das Fruchtfleisch in Spalten vom Stein und mit den Paprikahälften in ca. 3 x 3 cm große Würfel schneiden.

2 Das Fischfilet waschen, trocken tupfen, ebenfalls in ca. 3 x 3 cm große Würfel schneiden und abwechselnd mit den Paprika- und Mangowürfeln auf vier Spieße stecken. Das Öl in einer Pfanne erhitzen, die Spieße darin anbraten und unter gelegentlichem Wenden ca. zehn Minuten garen. Die Soße angießen, kurz miterhitzen und mit den Spießen und dem Reis servieren.

Zutaten für 2 Personen:

1 Kochbeutel Uncle Ben's Basmati-reis (125 g)
2 kleine, grüne Paprikaschoten
1 Mango
300 g Fischfilet
2 EL Speiseöl
1 Glas Uncle Ben's Soße Chinesisch – Szechuan (400 g)
4 Spieße

Zutaten für 4 Personen:

750 g Thunfischfilet
12 EL Teutoburger Raps-Kernöl
Saft von ½ Zitrone
2 Fleischtomaten
2 kleine Zucchini
4 Frühlingszwiebeln
1 rote Paprikaschote
1 gelbe Paprikaschote
2 Zwiebeln
1 Knoblauchzehe
Petersilie
Rosmarin
Thymian
Salz
Pfeffer

Zubereitung:

1 Das Thunfischfilet kalt abbrausen, trocken tupfen und in mundgerechte Stücke schneiden. Aus vier Esslöffeln Öl und dem Zitronensaft eine Marinade zubereiten und den Thunfisch darin marinieren.

2 Inzwischen das Gemüse putzen und waschen. Die Tomaten enthäuten, die Kerne entfernen und das Fruchtfleisch in Stücke schneiden. Die Zucchini halbieren und in Scheiben, die Frühlingszwiebeln in Stücke und die Paprikaschoten in Streifen schneiden. Die Zwiebeln und die Knoblauchzehe schälen, die Zwiebeln in Ringe schneiden und die Knoblauchzehe fein hacken. Die Kräuter kalt abbrausen und gut abtropfen lassen. Die Petersilie fein wiegen.

3 Das Gemüse in weiteren vier Esslöffeln Öl gar dünsten und nach Geschmack mit Petersilie, Rosmarin, Thymian, Salz und Pfeffer würzen. Den Thunfisch aus der Marinade nehmen und abtropfen lassen. In einer Wokpfanne das restliche Öl erhitzen, die Thunfischstücke zugeben und rundherum kross anbraten. Das Gemüse unterheben und kurz miterhitzen.

Die Schiffe der Piraten

Ganz im Gegensatz zu den Piratenschiffen, die man aus Film und Fernsehen kennt, verwendeten die echten Piraten lieber kleine, wendige Schiffe, damit sie die großen, schwerfälligen Handelsschiffe rasch einholen und ihnen ebenso schnell wieder entwischen konnten. So bevorzugten die Bukanier beispielsweise den Schiffstyp der Slup, der für seine Schnelligkeit bekannt war. Trotz ihrer relativ kleinen Maße von 11 bis 20 Metern Länge konnte eine Slup bis zu 115 Tonnen Beute aufnehmen. Die Korsaren des Mittelmeers benutzten für ihre Raubzüge hingegen meistens leichte Galeeren, die gesegelt oder gerudert werden konnten. Wenn nötig, wurden bis zu 90 bedauernswerte Sklaven an die Ruder gesetzt, um eine große Beschleunigung zu bekommen.

Seemannsschmaus

Zutaten für 4 Personen:

Für das Filet:
500 g Seelachsfilet
1–2 EL Zitronensaft
75 g Cracker
1 TL Fuchs Zitronengras, gemahlen
1 ½ TL Fuchs Chillies-Flocken
1 Ei
2–3 EL Speiseöl
Salz

Für den Salat:
1 Kopf Salat, z. B. Römischer Salat, Lollo bionda
1 Bund Frühlingszwiebeln
1 Baby-Ananas
150 g Naturjoghurt
3 EL Balsamicoessig
¼–½ TL Fuchs Koriander, gemahlen
1 TL Zucker
Salz

Zubereitung:

1 Das Seelachsfilet waschen, trocken tupfen, in grobe Stücke schneiden, mit dem Zitronensaft beträufeln und salzen. Die Cracker in einen Frischhaltebeutel geben, mit einem Nudelholz zerbröseln und mit dem Zitronengras und den Chillies-Flocken mischen.

2 Das Fischfilet zunächst in verquirltem Ei und anschließend in der Cracker-Panade wenden und gut andrücken. Das Öl in einer Pfanne erhitzen und die Fischfilets darin von beiden Seiten anbraten.

3 Den Salat putzen, waschen, in mundgerechte Stücke zupfen und auf vier Teller verteilen. Die Frühlingszwiebeln putzen, waschen, in grobe Stücke schneiden und darübergeben. Die Ananas halbieren, vierteln, in kleine Spalten schneiden und auf dem Salat anrichten.

4 Für das Dressing den Naturjoghurt mit dem Essig verrühren und mit Koriander, Zucker und Salz abschmecken. Den Salat mit dem Dressing beträufeln, das Fischfilet darauf anrichten und das Ganze servieren.

Fischfilets „Caribbean Dream“

Die Piratenflaggen

Die berühmteste aller Piratenflaggen ist der „Jolly Roger“. Er zeigt einen Totenkopf mit zwei gekreuzten Knochen. Die ursprünglichen Piratenflaggen waren blutrot als Zeichen dafür, dass alle Opfer getötet werden würden, wenn sie sich nicht kampflos ergaben. Erst Anfang des 18. Jahrhunderts verbreitete sich die heute bekannte schwarz-weiße Totenkopfflagge. Der französische Pirat Emanuel Wynne soll sie 1700 als Erster gehisst haben. Es gab aber auch viele Abwandlungen des „Jolly Roger“ mit anderen gängigen Symbolen des Todes und der Gewalt, wie zum Beispiel mit Skeletten, Teufeln, Entermessern, blutenden Herzen, Pfeilen oder Speeren.

Zutaten für 4 Personen:

- 250 g Basmatireis
- 750 g Gemüse (z. B. Karotten, Lauch, Zucchini, Wirsing, Bohnen, braune Champignons, Brokkoli)
- 2 Zwiebeln
- 2 Knoblauchzehen
- 2 Chilischoten
- 50 g Cashewnüsse
- 8 EL Teutoburger Raps-Kernöl
- 2 TL Currypulver
- ½ TL Zimt
- 2 EL Sojasoße
- 200 ml Kokosnussmilch
- 2 TL Instant-Gemüsebrühe
- 1 TL Zucker
- 1 TL Koriander
- 150 g Gambas oder Riesengarnelen
- evtl. Knoblauchpulver
- Salz
- Pfeffer

Zubereitung:

1 Den Reis nach Packungsanweisung zubereiten. Währenddessen das Gemüse putzen, waschen und in mundgerechte Stücke schneiden. Die Zwiebeln und Knoblauchzehen schälen und grob würfeln. Die Chilischoten halbieren, entkernen, waschen und in kleine Stücke schneiden. Die Cashewnüsse in einer Pfanne anrösten, abkühlen lassen und beiseitestellen.

2 In einem Wok sechs Esslöffel Öl erhitzen und die Zwiebel- und Knoblauchwürfel sowie die Chilistücke darin andünsten, bis sich die Zwiebeln leicht bräunen. Curry, Zimt und die Gemüsestücke zugeben und bei starker Hitze kurz andünsten. Die Temperatur zurücknehmen, mit Sojasoße und Kokosnussmilch aufgießen und mit Gemüsebrühe, Salz, Pfeffer, Zucker und Koriander kräftig würzen. Jetzt 15 Minuten köcheln lassen. Eventuell etwas Wasser nachgießen.

3 Inzwischen die Gambas kalt abbrausen, trocken tupfen und in dem restlichen erhitzten Öl zwei Minuten braten. Eventuell mit Knoblauchpulver würzen. Das Gemüsecurry mit den Gambas und dem Reis anrichten und mit den gerösteten Cashewnüssen bestreuen.

Gemüsecurry mit Gambas

Chicken-Kokos-Curry

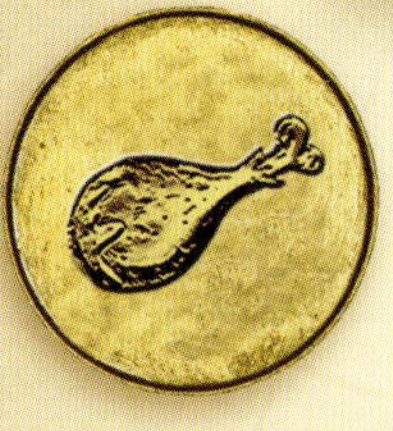

Zutaten für 4 Personen:

300 g Karotten
3 Stangen Zitronengras
30 g Ingwer
2 Knoblauchzehen
2 rote Chilischoten
500 g Hähnchenbrustfilet
1 EL Butaris Butterschmalz
2 EL Currypulver
400 ml Kokosmilch
2 TL Instant-Gemüsebrühe
2 Zitronenblätter
Salz
Koriander zum Garnieren

Zubereitung:

1 Die Karotten schälen, waschen und in Scheiben schneiden. Die Zitronengrasstangen quer halbieren und jedes Stück einmal längs einritzen. Den Ingwer und die Knoblauchzehen schälen. Den Ingwer in kleinere Stücke schneiden. Die Chilischoten längs halbieren, entkernen und waschen.

2 Das Filet waschen, trocken tupfen und in Würfel schneiden. Das Butterschmalz in einer Pfanne erhitzen und das Filet darin anbraten. Die Karottenscheiben zugeben und mitbraten. Die Ingwerstücke und die Knoblauchzehen durch die Knoblauchpresse in die Pfanne geben. Die Chilihälften hinzufügen und alles unter Wenden ein bis zwei Minuten braten.

3 Das Ganze mit Curry bestäuben und kurz mitbraten. Mit der Kokosmilch und 350 ml Wasser ablöschen, aufkochen und die Brühe einrühren. Die Zitronenblätter waschen und trocken tupfen. Die Zitronengrasstücke und die Zitronenblätter zugeben und alles zugedeckt bei milder Hitze ca. zehn Minuten köcheln lassen. Mit Salz und Curry abschmecken und mit Koriander garnieren.

Karibischer Käse-Hähnchen-Salat

Zubereitung:

1 Den Lollo bionda putzen, waschen und in mundgerechte Stücke zupfen. Die Frühlingszwiebeln putzen, waschen und schräg in Ringe schneiden. Die Kirschtomaten waschen und vierteln. Die Mango und Kiwi schälen, das Fruchtfleisch der Mango in Spalten vom Kern schneiden und die Kiwi in halbe Scheiben schneiden.

2 Die Lollo-bionda-Stücke auf vier großen Tellern verteilen und das vorbereitete Obst und Gemüse daraufgeben. Den Käse hobeln oder in Scheiben schneiden. Die Hähnchenbrust waschen, trocken tupfen, in Streifen schneiden, in dem erhitzten Öl goldbraun braten und mit Salz, Pfeffer und Paprikapulver würzen.

3 Die Zutaten für das Dressing miteinander verrühren und mit den Gewürzen pikant abschmecken. Den Salat mit dem Käse und den Hähnchenbruststreifen belegen, mit dem Dressing beträufeln und mit Kapuzinerkresseblüten garnieren.

Zutaten für 4 Personen:

Für den Salat:
1 Lollo bionda
1 Bund Frühlingszwiebeln
200 g Kirschtomaten
1 kleine Mango
1 Kiwi
200 g LEERDAMMER Lightlife®
250 g Hähnchenbrustfilet
1 EL Speiseöl
Salz
Pfeffer
Paprikapulver

Für das Dressing:
6 EL Walnussöl
4 EL Weißweinessig
½–1 TL mittelscharfer Senf
1 Prise Zucker
Salz
frisch gemahlener Pfeffer
Kapuzinerkresseblüten zum Garnieren

Zutaten für 4 Personen:

1 unbehandelte Limette
500 g Hähnchenbrustfilet
1 gestr. TL Fuchs Sambal Oelek
4 EL Speiseöl
3 Tomaten
je eine rote, gelbe und grüne Paprikaschote
1 Zwiebel
150 g Zuckerschoten
100 ml Gemüsebrühe
100 ml Weißwein
2 EL Aprikosenmarmelade
¼ TL Fuchs schwarzer Pfeffer, gemahlen
¼ TL Fuchs Muskatblüte, gemahlen
½ TL Fuchs Ingwer, gemahlen
1 TL Fuchs Paprika, rosenscharf
Salz

Zubereitung:

1 Die Limette waschen, trocken tupfen und die Schale in Zesten abziehen. Die Zesten beiseitestellen. Die Limette halbieren und den Saft auspressen. Das Hähnchenbrustfilet waschen, trocken tupfen und in Scheiben schneiden. Die Scheiben in ½ Teelöffel Sambal Oelek, zwei Esslöffeln Öl, der Hälfte des Limettensaftes und etwas Salz ca. 15 Minuten marinieren.

2 Die Tomaten kreuzweise einritzen, mit kochendem Wasser überbrühen, häuten, entkernen und das Fruchtfleisch fein würfeln. Die Paprikaschoten halbieren, entkernen, waschen und in Streifen schneiden. Die Zwiebel schälen und würfeln, die Zuckerschoten waschen und putzen. Die Paprikastreifen und die Zwiebelwürfel in dem restlichen erhitzten Öl ca. fünf Minuten dünsten. Dann die Zuckerschoten und die Tomatenwürfel dazugeben und kurz mitdünsten.

3 Die Hähnchenbrustscheiben aus der Marinade nehmen und anbraten. Die Hähnchenscheiben mit der Brühe und der Hälfte des Weißweins ablöschen, die Marmelade unterrühren und etwas einreduzieren lassen. Die Soße mit den Gewürzen, dem restlichen Sambal Oelek und Limettensaft abschmecken. Das Gemüse mit dem restlichen Wein ablöschen und mit Salz, Pfeffer und Ingwer verfeinern. Das Hähnchen und das Gemüse auf Tellern anrichten und mit Limettenzesten garniert servieren.

Scharfes Hühnchen „Grenada"

Putengeschnetzeltes in Curry-Mango-Soße

Zutaten für 4 Personen:

500 g Putenbrustfilet
1 Bund Frühlingszwiebeln
1 kleine Mango
2 Tomaten
2 EL Sonnenblumenöl
1 EL Ostmann Curry
250 ml Gemüsebrühe
250 ml Kokosmilch
½ TL Ostmann Chili-und-Knoblauch-Gewürzmischung
Salz

Zubereitung:

1 Das Filet waschen, trocken tupfen und in Streifen mit einer Breite von ca. 1 cm schneiden. Die Frühlingszwiebeln putzen, waschen und in Ringe schneiden. Die Mango schälen, das Fruchtfleisch in Spalten vom Stein schneiden und würfeln. Die Tomaten kreuzweise einritzen, mit kochendem Wasser überbrühen, häuten, halbieren, den Stielansatz und die Kerne entfernen und das Fruchtfleisch würfeln.

2 Das Öl erhitzen, das Filet darin anbraten, die Frühlingszwiebeln dazugeben und mit Curry bestäuben. Die Brühe und die Kokosmilch angießen und die Mangowürfel hinzufügen. Mit der Gewürzmischung und Salz würzen und das Geschnetzelte unter gelegentlichem Umrühren bei schwacher Hitze ca. fünf Minuten köcheln lassen. Die Tomatenwürfel hinzufügen und kurz miterhitzen.

Curry-Auflauf „Mumbai“

Zubereitung:

1 Den Backofen auf 200° C, Gas Stufe 4, Umluft 180° C vorheizen. Den Reis nach Packungsanweisung zubereiten.

2 Die Mango schälen, das Fruchtfleisch in Spalten vom Stein lösen und würfeln. Die Karotten schälen, waschen und würfeln. Die Frühlingszwiebeln putzen, waschen und schräg in Ringe schneiden. Das Hähnchenbrustfilet waschen, trocken tupfen und in Streifen schneiden.

3 Die Hähnchenstreifen mit Salz, Pfeffer und Curry würzen und in dem erhitzten Öl anbraten. Die Karottenwürfel dazugeben, andünsten und abgedeckt ca. fünf Minuten garen. Die Cashewkerne grob hacken. Alle Zutaten in eine gefettete Auflaufform geben.

4 Milkana Sahne und Milch erhitzen, mit Salz, Cayennepfeffer und Curry abschmecken, die Soße auf dem Auflauf verteilen und diesen ca. 20 bis 30 Minuten goldbraun überbacken.

Zutaten für 4 Personen:

Für den Auflauf:
150 g Basmatireis
1 Mango
3 Karotten
1 Bund Frühlingszwiebeln
400 g Hähnchenbrustfilet
2 EL Speiseöl
50 g Cashewkerne
Fett für die Auflaufform
Salz
frisch gemahlener Pfeffer
Currypulver

Für die Soße:
1 Frischeschale Milkana Sahne (200 g)
100 ml Milch
Salz
Cayennepfeffer
Currypulver

Zutaten für 4 Personen:

25 g getrocknete Mu-Err-Pilze
300 g Reis
200 g Champignons
125 g Austernpilze
1 Zwiebel
2 Karotten
½ Stange Lauch
1 Knoblauchzehe
5 EL Teutoburger Raps-Kernöl
Salz
Pfeffer
klein gehackte Petersilie
Koriander

Zubereitung:

1 Die Mu-Err-Pilze waschen und in reichlich Wasser 15 Minuten kochen. Den Reis nach Packungsanweisung zubereiten.

2 Inzwischen die Champignons und die Austernpilze putzen und eventuell waschen. Die Champignons in Scheiben, die Austernpilze in mundgerechte Stücke schneiden. Die Zwiebel schälen und in Ringe, die Karotten in Stifte und den Lauch in Streifen schneiden. Die Mu-Err-Pilze abtropfen lassen und klein schneiden. Die Knoblauchzehe schälen und fein würfeln.

3 Das Öl erhitzen und die Knoblauchwürfel darin andünsten. Das Gemüse und die Pilze zugeben und anbraten. Je nach Geschmack mit Salz, Pfeffer, klein gehackter Petersilie und Koriander würzen. Den Reis abgießen, abtropfen lassen und unter das Pilzgemüse heben.

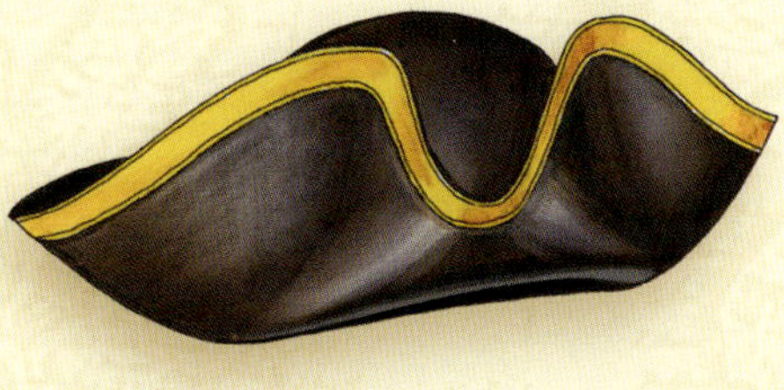

Die berühmtesten historischen Piraten und Piratinnen

Anne Bonny (ca. 1700–?), brannte mit dem Piraten „Calico Jack“ durch, wurde aufgrund ihrer Schwangerschaft nicht verurteilt und verschwand spurlos.
Sir Francis Drake (1540–1596), Freibeuter, Admiral und Weltumsegler im Auftrag der Englischen Krone, wurde auch „Pirat der Königin“ genannt, weil er von Elisabeth I. zum Ritter geschlagen wurde.
Sir Henry Morgan (1635–1688), der gefürchtetste Pirat der Karibik, wurde später zum Ritter geschlagen und zum Gouverneur von Jamaika ernannt.
Bartholomew Roberts (1682–1722), bedeutendster Pirat des Goldenen Zeitalters, eroberte in weniger als vier Jahren mehr als 400 Schiffe.
Edward Teach (1680–1718), besser bekannt als Blackbeard. Er galt als Ausgeburt des Teufels und ging auf einen 18 Monate dauernden Raubzug in der Karibik.

Reispfanne mit Pilzen

Bootsmanns Bratlinge mit Kräuter-Dip

Zubereitung:

1 Den Grünkern mit der Gemüsebrühe aufkochen, bei geringer Hitze 30 Minuten kochen lassen und anschließend abtropfen lassen. Inzwischen die Zwiebel schälen und fein würfeln, die Karotten schälen und fein raspeln, den Staudensellerie sowie den Lauch putzen, waschen und beides in ganz dünne Scheiben schneiden.

2 Die zwei Esslöffel Öl erhitzen und die Zwiebelwürfel darin glasig andünsten. Die Karottenraspel sowie die Sellerie- und Lauchscheiben zugeben und kurz mitdünsten. Die Petersilie waschen, abtropfen lassen und fein hacken. Den Grünkern, die Semmelbrösel, die Eier, das gedünstete Gemüse und die gehackte Petersilie in einer Schüssel gut vermengen, mit dem gehäuften Teelöffel Gemüsebrühe-Pulver, Pfeffer und Salz pikant würzen und das Ganze einige Minuten ruhen lassen.

3 Aus der Grünkernmasse acht Bratlinge formen und diese in den 100 ml heißem Öl von beiden Seiten goldbraun braten. Inzwischen die Tomaten waschen und achteln.

4 Für den Dip den Feta mit einer Gabel fein zerdrücken und mit der sauren Sahne sowie dem Öl verrühren. Die Kräuter unterheben und den Dip mit Zitronensaft, Pfeffer und Salz pikant abschmecken. Die Bratlinge mit dem Kräuterdip und den Tomatenachteln servieren.

Zutaten für 4 Personen:

Für die Bratlinge:
500 g Grünkern
½ l Instant-Gemüsebrühe
1 Zwiebel
2 kleine Karotten
1 kleine Stange Staudensellerie
ca. 100 g Lauch
2 EL Teutoburger Raps-Kernöl
½ Bund Petersilie
100 g Semmelbrösel
3 Eier
1 geh. TL Instant-Gemüsebrühe
100 ml Teutoburger Raps-Kernöl
4 Tomaten
Pfeffer
Salz

Für den Kräuter-Dip:
200 g Feta
250 ml saure Sahne
2 EL Raps-Kernöl
1 Tasse fein gehackte Kräuter, z. B. Kresse, Petersilie, Schnittlauch
Saft ½ Zitrone
Pfeffer
Salz

Nussecken aus der Pfanne

Zutaten für 4 Personen:

2 Packungen Camembert (à 125 g)
1 Eigelb
1–2 EL gemahlene Hasel- oder Walnüsse
1–2 EL gemahlene Pistazien
1–2 EL gehobelte Mandeln
1–2 EL Sonnenblumenkerne
4 EL Raps-Kernöl zum Braten

Zubereitung:

1 Die Camemberts halbieren und die Hälften in jeweils drei gleich große Stücke schneiden. Das Eigelb verquirlen und die Camembertecken darin wenden.

2 Jeweils drei Camembertecken in den Nüssen, den Pistazien, den Mandeln und den Sonnenblumenkernen wenden und anschließend in dem heißen Raps-Kernöl ausbacken.

Zutaten:

800 g Pellkartoffeln
5 EL Teutoburger Raps-Kernöl
2 Zwiebeln
250 g Fleischwurst (Lyoner)
3 Tomaten
3 Frühlingszwiebeln
4 Eier
100 g Schmand
Salz
Pfeffer
Majoran
Muskat
Schnittlauchröllchen zum Garnieren

Zubereitung:

1 Die Kartoffeln schälen und würfeln. In heißem Öl anbraten und zugedeckt weiterbraten, bis die Kartoffeln etwas Farbe bekommen. Dabei mehrmals wenden.

2 Inzwischen die Zwiebeln schälen und würfeln. Die Fleischwurst in Scheiben schneiden und diese nochmals quer halbieren. Die Tomaten in Achtel und die Frühlingszwiebeln in fingerdicke Stücke schneiden. Alles zu den Kartoffeln geben und schön bräunen lassen.

3 Inzwischen die Eier mit dem Schmand verquirlen und mit Salz, Pfeffer, Majoran und Muskat pikant abschmecken. Die Eiermasse über die Kartoffeln gießen und stocken lassen. Mit Schnittlauchröllchen bestreut servieren.

Die Sprache der Piraten

Arrrrrrr!: Ausruf der Enttäuschung und der Freude
Buddel: ein anderes Wort für Flasche
Davy Jones' Locker: der Grund des Ozeans
entern: ein Schiff erstürmen
Krähennest: Schiffsausguck
Landratte: abfällig für jeden, der nicht zur See fährt
Neunschwänzige Katze: Peitsche mit neun geknoteten Lederriemen
Prise: Beute eines geenterten Schiffs
schanghaien: gewaltsames Anheuern von Besatzungsmitgliedern
Tanz am Hanfstrick: Tod durch Erhängen
über die Planke schicken: Hinrichtungsform, bei welcher der Verurteilte mit gefesselten Händen über eine Planke ins Meer fällt und ertrinkt

Deftige Kartoffelpfanne

Black Bartys Ofenkartoffeln

Zutaten für 4 Personen:

Für die Kartoffeln:
3–4 EL Speiseöl
1 TL Fuchs Kümmel, ganz
2 TL Fuchs Rosmarin, geschnitten
2 TL grobes Salz
800 g kleine, neue Kartoffeln

Für den Dip:
½ rote Paprikaschote
¼ Salatgurke
300 g Crème fraîche
etwas Zitronensaft
1–1 ½ TL Fuchs Knoblauch-Pfeffer-Würzer
Salz

Zubereitung:

1 Den Backofen auf 200° C, Gas Stufe 4, Umluft 180° C vorheizen. Ein Backblech mit etwas Öl bestreichen und mit Kümmel, Rosmarin sowie Salz bestreuen. Die Kartoffeln gründlich waschen, quer halbieren und mit der Schnittfläche nach unten auf das Blech legen. Jetzt die Kartoffelhälften mit dem restlichen Öl bestreichen und ca. 25 bis 30 Minuten im vorgeheizten Backofen garen.

2 Für den Dip die Paprikaschote und die Gurke waschen, beide fein würfeln, mit der Crème fraîche verrühren sowie mit dem Zitronensaft und den Gewürzen pikant abschmecken. Den Dip zu den Ofenkartoffeln und nach Wunsch mit einem bunten Salat servieren.

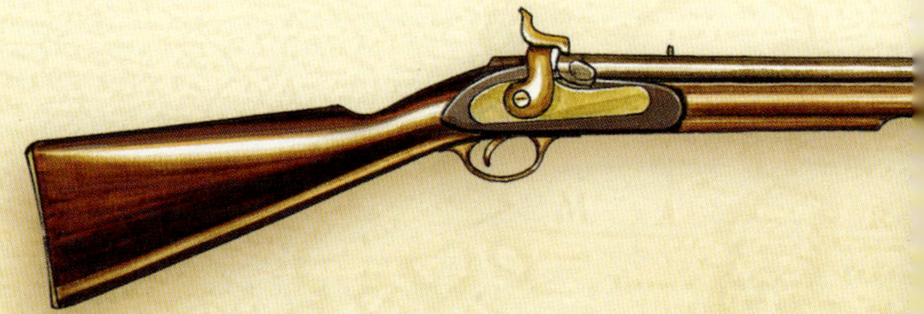

Ofenkartoffeln mit Cornichon-Dip

Zutaten für 4 Personen:

4 große Ofenkartoffeln à ca. 200 g
2 Zwiebeln
150 g Bacon
150 g Kühne Cornichons
100 g Frischkäse
300 g Quark
1 EL Kühne Senf, mittelscharf
Salz
bunter Pfeffer, frisch gemahlen
Zucker
evtl. etwas Dill zum Garnieren

Zubereitung:

1 Die Kartoffeln in kochendem Wasser ca. 20 Minuten vorgaren. Den Backofen auf 200° C, Gas Stufe 4, Umluft 180° C vorheizen. Die Zwiebeln schälen, mit dem Bacon in Streifen schneiden und in einer beschichteten Pfanne rösten. Die gegarten Kartoffeln jeweils in Alufolie einwickeln und im Backofen weitere 20 bis 30 Minuten garen.

2 Die Cornichons fein würfeln, mit dem Frischkäse, dem Quark und dem Senf verrühren und mit Salz, Pfeffer und Zucker pikant abschmecken. Die Kartoffeln aus dem Ofen nehmen, die Alufolie oben öffnen, die Kartoffeln kreuzweise einritzen, etwas auseinanderdrücken, die Cornichon-Creme daraufgeben und mit dem gerösteten Zwiebel-Bacon-Mix als Topping servieren. Nach Wunsch mit Dill garnieren.

Zutaten für 4 Personen:

Für die Barbecuesoße:
4 Fleischtomaten
2 TL Speiseöl
2 TL Fuchs Knoblauch, frisch eingelegt, gehackt
4 EL Honig
2 TL mittelscharfer Senf
½–1 TL Fuchs Chillies-Flocken
Salz

Für die Kartoffel-Pfanne:
600 g Kartoffeln
2 EL Speiseöl
2 Zwiebeln
je 1 rote, grüne und gelbe Paprikaschote
500 g Rindersteaks
1 TL Fuchs Knoblauch, frisch eingelegt, gehackt
1 Dose Kidneybohnen (425 ml)
Salz
3–4 TL Fuchs Steakhouse-Pfeffer

Zubereitung:

1 Für die Barbecuesoße die Fleischtomaten waschen, halbieren, den Stielansatz entfernen und die Tomaten in Würfel schneiden. Das Öl erhitzen, die Tomatenwürfel und den Knoblauch darin andünsten und ca. fünf Minuten dünsten. Die Soße pürieren und mit dem Honig, dem Senf, den Chillies-Flocken und Salz abschmecken.

2 Die Kartoffeln schälen, waschen, in Spalten schneiden und in dem erhitzten Öl in einer Pfanne ca. 20 bis 25 Minuten goldbraun braten. Anschließend die Kartoffelspalten herausnehmen und warm stellen. Die Zwiebeln schälen und in Ringe schneiden. Die Paprikaschoten halbieren, entkernen, waschen und in Würfel schneiden.

3 Die Steaks waschen, trocken tupfen, in Streifen schneiden und in dem verbliebenen Bratfett der Kartoffeln anbraten. Die Zwiebelringe, den Knoblauch und die Paprikawürfel hinzufügen und andünsten. Die Kidneybohnen abtropfen lassen, zusammen mit den warm gestellten Kartoffeln zugeben und kurz miterhitzen. Die Piratenpfanne mit Salz und Pfeffer würzen und mit der Barbecuesoße servieren.

Feurige Piratenpfanne

Käpt'n Cooks Krokodil-Salat

Zutaten für 4 Personen:

Für den Salat:
300 g Hähnchenbrustfilet
2 EL Speiseöl
200 g Spiralnudeln
1 kleine Dose Mais (285 ml)
200 g Kirschtomaten
4 Gewürzgurken
Salz
¼ TL Ostmann Pfeffer, weiß, gemahlen
½ TL Ostmann Paprika, edelsüß
4 grüne Paprikaschoten
evtl. zwei Olivenscheiben und eine rote Paprikazunge

Für das Dressing:
150 g Naturjoghurt
100 ml süße Sahne
2–3 EL Apfelessig
Zucker
2 TL Ostmann Petersilie, gerebelt
1 TL Ostmann Kräuter-Jodsalz
1 TL Ostmann Bunter-Pfeffer-Gewürzmischung

Zubereitung:

1 Das Hähnchenbrustfilet waschen, trocken tupfen, in Streifen schneiden, mit Salz, Pfeffer und Paprika würzen und in dem erhitzten Öl von allen Seiten goldbraun braten. Die Nudeln nach Packungsanweisung zubereiten und abkühlen lassen. Den Mais abtropfen lassen, die Kirschtomaten waschen und vierteln und die Gewürzgurken würfeln.

2 Für das Dressing den Joghurt, die Sahne und den Essig verrühren, mit Zucker, Petersilie, Jodsalz und Pfeffer abschmecken und mit den Salatzutaten vermischen. Kurze Zeit durchziehen lassen. Die Paprikaschoten quer halbieren, an den Schnitträndern zickzackförmig einschneiden, putzen, waschen und den Salat auf die Hälften verteilen. Nach Wunsch die Paprikaschoten als Krokodil mit Olivenscheiben als Augen und einer roten Paprikazunge garniert servieren.

Zutaten für 4 Personen:

150 g Weizenmehl
40 g Zucker
½ Päckchen Vanillezucker
1 Prise Salz
2 Eier
250 ml Milch
1 TL Zitronensaft
4 TL Teutoburger Raps-Kernöl (pro Pfannkuchen 1 TL)
100 g Nuss-Nugatcreme
50 g Smarties

Zubereitung:

1 Mehl, Zucker, Vanillezucker und Salz in eine Schüssel geben und gut mischen. Die Eier und die Milch zugeben und das Ganze zu einem glatten, klumpenfreien Teig verrühren. Den Teig ein bis zwei Stunden quellen lassen. Erst dann den Zitronensaft zugeben.

2 Einen Teelöffel Öl in einer Pfanne erhitzen und aus dem Pfannkuchenteig nacheinander vier Pfannkuchen ausbacken. Auf Tellern anrichten, mit der Nuss-Nugatcreme bestreichen und mit Smarties bestreuen.

Seeräuber-Hackbällchen

Zutaten für 4 Personen:

je 1 kleine rote und grüne Paprikaschote
125 g Uncle Ben's 10-Minuten-Spitzen-Langkorn-Reis
1 TL Butter
250 ml Gemüsebrühe
300 g Hackfleisch
1 Ei
2 EL Paniermehl
1 kleine Zwiebel
1 kleine Dose Mais (212 ml)
1 EL Speiseöl
1 Glas Uncle Ben's Soße Ungarische Art – Paprika und Knoblauch (400 g)
Salz
Pfeffer
Paprikapulver

Zubereitung:

1 Die Paprikaschoten halbieren, entkernen, waschen und in kleine Würfel schneiden. Die Paprikawürfel und den Reis in der erhitzten Butter andünsten, die Gemüsebrühe angießen und das Ganze abgedeckt ca. zehn Minuten garen.

2 Das Hackfleisch mit dem Ei, dem Paniermehl und den Gewürzen verkneten. Die Zwiebel schälen und sehr fein würfeln, den Mais abtropfen lassen und beides unter das Hackfleisch mischen. Die Hackfleischmasse zu kleinen Bällchen formen und in dem erhitzten Öl ca. zehn Minuten braten. Die Soße angießen und kurz miterhitzen.

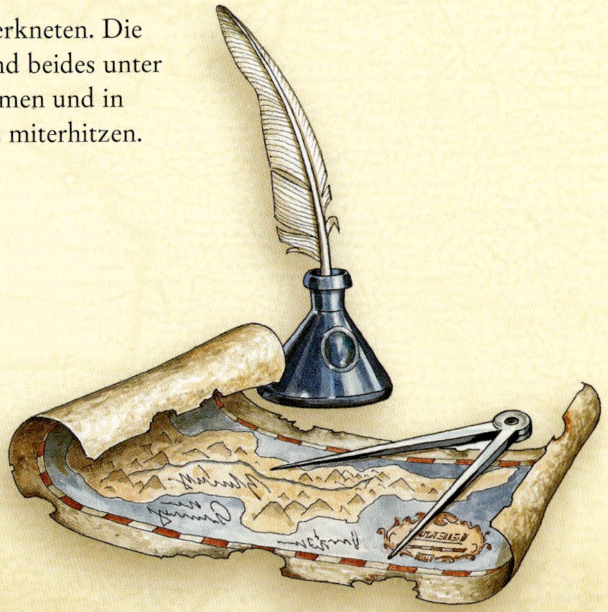

Fliegender Holländer

Zubereitung:

1 Den Backofen auf 200° C, Gas Stufe 4, Umluft 180° C vorheizen. Den Blätterteig nach Packungsanweisung auftauen lassen, aus jedem Blätterteigquadrat einen Schiffsboden in ovaler Form ausschneiden, das Ei trennen und die Ränder der Schiffsböden mit dem Eiweiß bestreichen.

2 Die Blätterteigreste übereinanderlegen, ausrollen und in ca. zehn Stücke teilen. Aus jedem Stück jeweils ein Röllchen in der passenden Länge für die Reling formen, auf die ausgeschnittenen Schiffsböden legen, gut andrücken und mit dem verquirlten Eigelb bestreichen. Aus dem restlichen Blätterteig Fähnchen für die Garnitur schneiden und ebenfalls mit Eigelb bestreichen.

3 Die Tomaten waschen, halbieren und den Stielansatz sowie die Kerne entfernen. Den Mozzarella und den Mais getrennt voneinander abtropfen lassen. Die Tomaten, den Mozzarella und die Salami in Würfel schneiden, mit dem Mais vermischen, mit Salz und Pfeffer würzen und in die Mitte der Schiffchen füllen. Die Schiffchen und Fähnchen im vorgeheizten Backofen ca. 15 bis 20 Minuten backen, evtl. die Fähnchen schon früher herausnehmen.

4 Für die Soße die Butter erhitzen, das Mehl darin anschwitzen und die Milch angießen. Anschließend das Ganze aufkochen und den Käse darin schmelzen lassen. Die Soße mit Salz, Pfeffer, Gemüsebrühe, Zucker und Schnittlauchröllchen abschmecken. Die Fähnchen auf Zahnstocher stecken, die Schiffchen damit verzieren und auf der Schnittlauchsoße anrichten. Nach Wunsch mit Kräutern garniert servieren.

Zutaten für 10 Stück:

Für die Schiffchen:
1 Packung Café Condito Ruck-Zuck-Blätterteig (450 g)
1 Ei
3 Tomaten
2 Kugeln Mozzarella (à 125 g)
1 kleine Dose Mais (425 ml)
4 Scheiben Salami (ca. 80 g)
Salz
frisch gemahlener Pfeffer

Für die Soße:
20 g Butter
20 g Mehl
¼ l Milch
30 g Sahneschmelzkäse
Salz
frisch gemahlener Pfeffer
gekörnte Gemüsebrühe
etwas Zucker
1 EL Schnittlauchröllchen
Zahnstocher
evtl. Kräuter zum Garnieren

Zutaten für 4 Drinks:

Coconut Dream

3–4 Teebeutel Matetee
2 rosa Grapefruits oder ¼ l Grapefruitsaft
¼ l Maracujanektar
2–3 EL Kokossirup

Zubereitung:

Coconut Dream

1 Den Matetee nach Packungsanweisung zubereiten und im Eisschrank gut durchkühlen lassen.

2 Die Grapefruits halbieren und entsaften. Den Matetee mit dem Grapefruitsaft und dem Maracujanektar mixen und mit Kokossirup süßen. In Kokosnüssen oder Longdrinkgläsern servieren.

Zutaten für 1 Liter Eistee:

African Orange in Red

5–6 Teebeutel Rooibostee
¼ l Orangensaft
3 EL Grenadine-Sirup
Eiswürfel

Zubereitung:

African Orange in Red

1 Die Teebeutel mit 0,75 l kochendem Wasser aufgießen und einen starken Tee zubereiten. Den Tee abkühlen lassen und im Kühlschrank weiter runterkühlen.

2 Anschließend mit Orangensaft aufgießen, mit Grenadine-Sirup abschmecken und auf Eis servieren.

Zutaten für 4 Personen:

Seeräubers Traum

1 kleine, frische Ananas
1 Eigelb
85 g Kokosmilch
60 g Zucker
2 TL Vanillezucker
1 TL Limettensaft
125 ml süße Sahne
2 EL nutella
evtl. essbare Blüten, z. B. Gänseblümchen oder Hornveilchenblüten

Zubereitung:

Seeräubers Traum

1 Die Ananas schälen, vierteln und den harten Strunk entfernen. Die eine Hälfte des Fruchtfleisches würfeln und pürieren.

2 Das Eigelb schaumig rühren. Nach und nach Kokosmilch, Zucker, Vanillezucker, Limettensaft und das Ananaspüree hinzugeben. Die Creme ca. 30 Minuten kühl stellen. Die Sahne steif schlagen, unter die Creme heben und in der Eismaschine oder im Tiefkühlfach anfrieren lassen. Wenn Sie keine Eismaschine verwenden, müssen Sie die Creme häufiger umrühren.

3 Das nutella leicht erwärmen, spiralförmig unter die angefrorene Masse rühren und das Eis nochmals einfrieren.

4 Zum Servieren die verbliebene Ananashälfte in mundgerechte Stücke schneiden und in hohe Gläser füllen. Das Eis kurz antauen lassen und Kugeln abstechen. Die Eiskugeln auf den Ananasstücken anrichten und nach Wunsch mit essbaren Blüten garniert servieren.

Zubereitung:

Klassischer Grog „Steife Brise“

1 Den Zucker in ein Grogglas geben und einen Glasstößel hineinstellen, damit das Glas nicht springt, wenn das kochende Wasser hineingefüllt wird. Jetzt mit dem kochenden Wasser auffüllen.

2 Den Rum erst kurz vor dem Servieren dazugeben, damit das Aroma nicht verfliegt. Je mehr Rum Sie verwenden, desto „steifer“ wird der Grog.

Zutaten für 1 Glas:

Klassischer Grog „Steife Brise“

2 EL Zucker
150 ml kochendes Wasser
4 cl Rum

Zubereitung:

Klabautermanns Egg Nogg

1 Die Eier und den Zucker im Mixer aufschlagen. Den Weinbrand, die heiße Milch und den Rum dazugeben und ebenfalls unterrühren.

2 Jetzt die leicht geschlagene Sahne unterziehen. Das Ganze warm servieren und mit etwas Muskat bestreuen.

Zutaten für 25 Gläser:

Klabautermanns Egg Nogg

2 Eier
6 geh. TL Zucker
1 Flasche Weinbrand
1 l heiße Milch
10 cl brauner Rum
500 g leicht geschlagene süße Sahne
etwas Muskat zum Bestreuen

Zubereitung:

Lumumba

1 Den Brandy in ein Longdrinkglas geben, mit kaltem Kakao auffüllen und kurz umrühren.

2 Ein Häubchen geschlagene Sahne daraufsetzen und mit etwas Kakaopulver bestreuen.

Zutaten für 4 Portionen:

Lumumba

40 ml Brandy
kalter Kakao zum Auffüllen
1 EL süße Sahne, geschlagen
etwas Kakaopulver zum Bestreuen

Zutaten für 6 Gläser:

Piratenbraut

200 g brauner Kandiszucker
½ l heißer, schwarzer Tee
½ l Weißwein
350 ml Rum
etwas Zitronensaft

Zutaten für 1 Glas:

Milchgrog „Unter schwarzer Flagge"

150 ml Milch
2 TL Bienenhonig
4 cl Rum

Zubereitung:

Piratenbraut

1 Den Kandiszucker in den heißen Tee geben und so lange erhitzen, bis sich der Zucker aufgelöst hat. Bitte nicht zum Kochen bringen!

2 Den Weißwein und den Rum dazugeben und das Ganze nochmals erhitzen. Den Punsch mit etwas Zitronensaft abschmecken und heiß servieren.

Zubereitung:

Milchgrog „Unter schwarzer Flagge"

1 Die Milch erhitzen und darin unter Rühren den Bienenhonig auflösen.

2 Anschließend den Rum hinzufügen und den Grog servieren.

Zutaten für 4 Personen:

Beschwipste Feigen

Für die Feigen:
300 g getrocknete Feigen
150 ml Sherry Medium
120 g LEERDAMMER Caractère®
150 g geräucherte Speckscheiben, dünn geschnitten
2 EL Pflanzenöl

Für die Chili-Aioli:
1 Knoblauchzehe
100 g Mayonnaise
3 EL Milch
¼–½ TL Sambal Oelek
Zucker
Salz
Pfeffer

Zubereitung:

1 In jede Feige seitlich eine kleine Tasche schneiden. Dann die Feigen ca. 20 Minuten in Sherry einlegen, herausnehmen und gut abtropfen lassen. Den Käse fein würfeln und die Feigen damit füllen. Jede Feige mit einer Scheibe Speck umwickeln und in einer Pfanne mit erhitztem Öl ca. fünf Minuten anbraten.

2 Für die Chili-Aioli den Knoblauch schälen, zerdrücken, mit der Mayonnaise, der Milch und Sambal Oelek verrühren und mit Zucker, Salz und Pfeffer abschmecken.

Zutaten für 4 Personen:

Gefüllte Papayas

2 reife Papayas
200 g Walnuss-Pistazien-Käse
frische Zitronenmelisse zum Garnieren
Limonenschale zum Garnieren

Zubereitung:

1 Die Papayas waschen und halbieren. Die Kerne entfernen, das Fruchtfleisch herauslösen und würfeln. Den Käse in kleine Stücke schneiden.

2 Die Papayahälften mit den Käse- und den Fruchtfleischstücken füllen und mit Zitronenmelisse und Limonenschale garnieren.

Zutaten für 4 Personen:

Fruchtsalat „Port Royal“

Für den Gewürzsirup:
30 g Zucker
Mark von einer Vanilleschote
30 g frischer, in Scheiben geschnittener Ingwer
1 Gewürznelke
½ TL Anissamen oder 1 Prise gemahlener Anis
1 Prise Cayennepfeffer
1 TL Honig

Für den Salat:
1 Kiwi
1 Papaya
½ kleine Ananas
¼ Zuckermelone
250 g Bavaria blu
evtl. 1 Prise gemahlener Ingwer

Zubereitung:

Fruchtsalat „Port Royal“

1 Für den Gewürzsirup in ¼ l Wasser den Zucker und die Gewürze zum Kochen bringen und einige Minuten kochen lassen. Den Honig unterrühren und abkühlen lassen. Dann das Ganze durch ein Sieb gießen.

2 Die Früchte schälen, falls nötig entkernen und würfeln. Eventuell die Ananaswürfel mit einer Prise gemahlenem Ingwer würzen. Die Fruchtwürfel in eine Schüssel geben und mit dem Gewürzsirup übergießen. Zugedeckt im Kühlschrank mindestens 3 bis 4 Stunden durchziehen lassen und dann auf tiefen Tellern verteilen.

3 Den Käse nach Belieben entrinden, in 1 cm große Würfel schneiden und über den Fruchtsalat streuen.

Zutaten für 4 Personen:

150 g Weizenmehl
40 g Zucker
½ Päckchen Vanillezucker
1 Prise Salz
2 Eier
250 ml Milch
1 TL Zitronensaft
1–2 Tropfen Bittermandelaroma
4 EL Raps-Kernöl
4 kleine Bananen
2 Kiwis
125 g Honig
Zimt
geriebener Ingwer oder Ingwerpulver
50 g Kokosflocken

Zubereitung:

1 Mehl, Zucker, Vanillezucker und Salz in eine Schüssel geben und gut mischen. Eier und Milch zugeben und alles zu einem glatten, klumpenfreien Teig verrühren. Den Teig gut quellen lassen. Anschließend Zitronensaft und Bittermandelaroma hinzugeben.

2 Pro Pfannkuchen einen halben Esslöffel Raps-Kernöl in einer Pfanne erhitzen und aus dem Pfannkuchenteig nacheinander vier Pfannkuchen ausbacken. Die Bananen längs halbieren. Die Kiwis schälen, in Scheiben schneiden und die Scheiben nochmals halbieren.

3 Die Bananenhälften in einer zweiten Pfanne in den restlichen zwei Esslöffeln Raps-Kernöl von beiden Seiten anbraten, mit dem Honig übergießen, nochmals stark erhitzen und mit Zimt und Ingwer würzen.

4 Die Pfannkuchen mit je zwei Bananenhälften und einigen Kiwischeiben füllen, mit der Honigsoße beträufeln und mit den Kokosflocken bestreuen.

Die bedeutendsten Piratenstützpunkte

In der Karibik gehörten Port Royal auf Jamaika und New Providence auf den Bahamas zu den größten Piratenhäfen. Port Royal beherbergte beispielsweise Ende des 17. Jahrhunderts so viele erfolgreiche Piraten, dass in der Stadt eine Zeit lang mehr Geld im Umlauf war als in London. Im Hafen von New Providence auf den Bahamas konnten Anfang des 18. Jahrhunderts ca. 500 Piratenschiffe gleichzeitig vor Anker gehen. Dort wurde sogar 1722 von einigen der berühmtesten Piratenkapitäne, unter ihnen Blackbeard, eine Piratenrepublik ausgerufen. Zur selben Zeit war Madagaskar der wichtigste Piratenstützpunkt des Indischen Ozeans, weil die Insel direkt an der Hauptschifffahrtslinie zwischen Indien und der Passage nach Europa um das Kap der Guten Hoffnung lag.

Pfannkuchen mit Honig-Bananen

Ananas-Mascarponecreme

Zutaten für 4 Personen:

200 g Galbani Santa Lucia Mascarpone Light
100 ml fettarme Milch
200 g Magerjoghurt
1 Päckchen Vanillezucker
150 g frische Ananas
frische Kokosscheiben
Zitronenmelisse zum Garnieren

Zubereitung:

1 Den Galbani Santa Lucia Mascarpone Light mit der fettarmen Milch und dem Magerjoghurt verrühren. Die Creme in ein hohes Gefäß geben, den Vanillezucker zugeben und mit einem Handmixer mit Rührbesen eine Minute auf höchster Stufe aufschlagen.

2 Die Ananas in kleine Würfel schneiden und abwechselnd mit der Creme schichtweise in Portionsschälchen füllen. Das Ganze mit den frischen Kokosscheiben bestreuen. Die fertigen Portionsschälchen zum Schluss mit Zitronenmelisse garnieren.

Zubereitung:

1 Den Backofen auf 200° C, Gas Stufe 4, Umluft 180° C vorheizen. Die tiefgekühlten Ruck-Zuck-Blätterteigquadrate nach Packungsanweisung auftauen lassen. Die Kiwis und die Papayas schälen. Die Kiwis in Scheiben und die Papayas in Spalten schneiden. Die Marzipanrohmasse mit dem Rum verrühren.

2 Jeweils einen Teelöffel des angerührten Marzipans in die Mitte von acht Teigquadraten streichen und das Obst darauflegen. Die restlichen Teigquadrate mit einem Teigrädchen in Streifen schneiden und kreuzweise über das Obst legen.

3 Das Blätterteiggebäck auf ein mit Backpapier ausgelegtes Backblech geben, mit dem Eigelb bestreichen und ca. 20 Minuten backen.

4 Die Vollmilchkuvertüre nach Packungsanweisung erhitzen, in die Spritztüte füllen und auf dem Blätterteiggebäck ein Kuvertüremuster erzeugen.

Zutaten für 8 Stück:

1 Packung Café Condito TK-Ruck-Zuck-Blätterteig (450 g = 10 Scheiben)
4 Kiwis
2 Papayas
100 g Marzipanrohmasse
2 cl weißer Rum
1 Eigelb
100 g Vollmilchkuvertüre
Spritztüte

Das „Goldene Zeitalter der Piraterie“

Zwischen 1680 und 1720 erreichte die Piraterie in der Karibik und vor der Küste Nordamerikas ihren Höhepunkt. In jener Zeit trieben einige der berühmtesten Piraten und Piratinnen ihr Unwesen: der gefürchtete Edward Teach alias „Blackbeard“, Bartholomew Roberts, Mary Read usw. Sie profitierten von dem aufblühenden Handelsverkehr zwischen Europa und der Neuen Welt Nord- und Südamerikas sowie zwischen Afrika und Asien. Erst als 1721 die Strafgesetze für Piraten und deren Handelspartner drastisch erhöht wurden, wurden die Seefahrernationen wieder Herr der Lage. Mit einer Massenhinrichtung von verurteilten Piraten in Cape Coast an der afrikanischen Westküste ging im Jahr darauf die Goldene Ära der Piraterie zu Ende.

Zutaten für 12-16 Stücke:

Für den Teig:
200 g Butter
200 g Zucker
1 Päckchen Vanillezucker
geriebene Schale einer halben, unbehandelten Orange
6 Eier
300 g Mehl
100 g Speisestärke
2 geh. TL Backpulver
Fett für die Backform
Gugelhupfform

Für die Creme:
1 Päckchen Vanillepuddingpulver
⅜ l Milch
4 EL Zucker
geriebene Schale einer halben, unbehandelten Orange
⅛ l Orangenlikör
250 g Butter

Für die Füllung:
½ Glas Multivitamin-Fruchtaufstrich

Für die Dekoration:
20 g Zartbitterkuvertüre
12–16 kandierte Ananasstücke
75 g Kokosflocken
Kumquats in dünnen Scheiben
Minzeblätter
Spritzbeutel mit Sterntülle

Tropicana-Kranz

Zubereitung:

1 Butter, Zucker, Vanillezucker und die geriebene Orangenschale schaumig rühren. Nach und nach die Eier dazugeben. Mehl, Speisestärke und Backpulver miteinander vermischen, sieben und vorsichtig unter den Teig rühren. Den Teig in eine gefettete Gugelhupfform füllen und im vorgeheizten Backofen bei 180° C, Gas Stufe 3, Umluft 160° C ca. 50 Minuten backen.

2 Den Kuchen nach dem Backen aus der Form lösen und auskühlen lassen. Dann zweimal waagrecht durchschneiden. Für die Creme das Puddingpulver mit etwas Milch, dem Zucker und der geriebenen Orangenschale glatt rühren. Die restliche Milch mit dem Orangenlikör aufkochen, die Puddingmilch einrühren und einmal kurz aufkochen lassen. Den Pudding abkühlen lassen. Dabei gelegentlich umrühren. Die Butter sehr schaumig rühren und dann den abgekühlten Pudding löffelweise unterrühren.

3 Die Schnittflächen des Kuchens mit jeweils einer dünnen Schicht der Creme und einer Schicht Fruchtaufstrich bestreichen. Die Kuchenschichten zusammensetzen und außen sorgfältig mit Creme ummanteln. Die restliche Creme in einen Spritzbeutel mit Sterntülle füllen.

4 Für die Dekoration die Kuvertüre im heißen Wasserbad auflösen und alle Ananasstücke mit der Spitze eintunken. Anschließend die Stücke auf einem Stück Backpapier trocknen lassen und zur Seite stellen. Die Kokosflocken in einer Pfanne ohne Fett anrösten und abkühlen lassen.

5 Den Kuchen mit den gerösteten Kokosraspeln bestreuen. Mit Spritzbeutel und Sterntülle kleine Cremetupfen aufspritzen und auf jeden Tupfen ein Stück kandierte Ananas, eine Kumquatscheibe und ein Minzeblatt legen.

Zutaten für 25 Stücke:

Für den Belag:
300 g Pinienkerne
150 g Butter
100 g Zucker
¼ l süße Sahne

Für den Hefeteig:
500 g Mehl
¼ l Milch
40 g Hefe
60 g Zucker
2 Eier
50 g Butter
1 Prise Salz
1 walnussgroßes Stück frisch geriebener Ingwer
Fett für das Backblech

Für die Füllung:
1 Stange Zitronengras
650 ml Milch
5 Eigelb
100 g Zucker
50 g Stärke
1 Prise Safran
1 frische Mango
abgeriebene Schale einer unbehandelten Limette zum Garnieren

Der Piratenkodex

Bevor ein Piratenschiff in See stach, mussten alle Besatzungsmitglieder einen Vertrag unterschreiben, in dem sie sich verpflichteten, sich an alle vereinbarten Regeln und Gesetze zu halten, sozusagen ein Verhaltenskodex. Ein solcher Vertrag beinhaltete meist, dass jeder an Bord das gleiche Stimmrecht hat und dass die Mannschaft den Kapitän wählt. Außerdem wurden Strafen für diejenigen festgelegt, die sich nicht an die Regeln hielten. Auch der Beuteanteil und die Entschädigungszahlungen für Verletzungen wurden darin geregelt. Manchmal kamen Veteranen sogar in den Genuss einer Altersversorgung. Diese demokratischen Verhältnisse stellten einen starken Gegenpol zu der brutalen Unterdrückung dar, die damals auf offiziellen Marine- und Handelsschiffen herrschte.

Bienenstich „Exotica"

Zubereitung:

1 Für den Belag die Pinienkerne in einer beschichteten Pfanne leicht bräunen. Die Butter in einer weiteren Pfanne schmelzen. Den Zucker zugeben und darin auflösen, aber nicht bräunen. Die Sahne zugießen und einmal aufkochen. Die Pinienkerne zufügen und das Ganze auskühlen lassen.

2 Das Mehl in eine große Schüssel sieben und in der Mitte eine Mulde eindrücken. Die Milch leicht erwärmen und die Hefe in der lauwarmen Milch auflösen. Eine Prise Zucker zufügen. Alles in die Mehlmulde füllen und zu einem dicken Brei verrühren. Etwas Mehl über dem Hefebrei verteilen und diesen zugedeckt an einem warmen Ort 30 Minuten gehen lassen.

3 Die Eier aufschlagen und die Butter in kleine Stücke schneiden. Eier und Butter zusammen mit dem restlichen Zucker, der Prise Salz und dem Ingwer zu dem Vorteig geben und alles zu einem glatten Teig verarbeiten. Das Ganze abdecken und erneut ca. eine Stunde gehen lassen.

4 Den Teig durchkneten, auf einer bemehlten Fläche dünn ausrollen und behutsam auf ein gefettetes Backblech legen. Den Hefeteig bei 180° C, Gas Stufe 3, Umluft 160° C zehn Minuten vorbacken. Anschließend die Pinienkernmasse auf dem Teig verteilen und den Teig in ca. 30 Minuten fertig backen. Danach auskühlen lassen und in 25 Stücke schneiden.

5 Das Zitronengras fein hacken und mit der Milch in einem kleinen Topf aufkochen. Die Eigelbe, Zucker, Stärke und Safran in einer Schüssel cremig schlagen. Die Masse zu der kochenden Milch geben und einmal zusammen aufkochen. Sofort vom Herd nehmen und auskühlen lassen.

6 Die Mango in Würfel schneiden und die Kuchenstücke waagrecht durchschneiden. Auf den Bodenstücken die Mangowürfel und die Cremefüllung verteilen. Die oberen Kuchenstücke daraufsetzen und mit abgeriebener Limettenschale garnieren.

Register

Genehmigte Lizenzausgabe
EDITION XXL GmbH
Fränkisch-Crumbach 2007
www.edition-xxl.de

Idee und Projektleitung: Sonja Sammüller
Layout und Satz: SAMMÜLLER KREATIV GmbH
Titelillustration: Bastian Gierth (www.gierth-design.de)
Illustrationen: Herbert Pohlner

ISBN (13) 978-3-89736-067-9
ISBN (10) 3-89736-067-5

Bildnachweis

Wir danken folgenden Firmen für ihre freundliche Unterstützung:

Ketchum GmbH, München
- Bergader Privatkäserei 40, 75
- Butaris 50
- CMA 80–81, 82–83
- Golden Toast 20–23

plenum stoll & fischbach GmbH, Herrenberg
- Galbani 78

The Food Professionals Köhnen AG, Sprockhövel
- Ferrero nutella 71
- Fuchs 16, 18, 26–27, 29, 46–47, 52–53, 62, 64–65
- Koopmans 69, 79
- Kühne 32, 63
- Leerdammer 51, 74
- Milkana 12, 55
- Ostmann 14, 17, 19, 24–25, 42, 54, 66
- Ruhrgas AG 28
- Uncle Ben's 30, 33, 34–35, 41, 43, 68

Wirths PR GmbH, Fischach 59, 67, 70, 76–77
- Teutoburger Ölmühle 13, 15, 31, 36–37, 38–39, 44–45, 48–49, 56–57, 58, 60–61
- www.1000diaeten.de 70
- www.1000rezepte.de 74